BERND A. MERTZ

GRIECHEN-
LAND

Vom Olymp
zum Orakel von Delphi

Goldmann Verlag

Herausgegeben von Wulfing von Rohr

Originalausgabe

Der Goldmann Verlag
ist ein Unternehmen der Verlagsgruppe Bertelsmann

Made in Germany · 2/91 · 1. Auflage
© 1991 by Wilhelm Goldmann Verlag, München
Umschlaggestaltung: Design Team München
Umschlagfotos: Gerhard P. Müller, Dortmund
Druck: Presse-Druck Augsburg
Satz: IBV Satz- und Datentechnik GmbH, Berlin
Verlagsnummer: 12282
Lektorat: Brigitte Leierseder-Riebe
Redaktion: Daniela Schetar
Herstellung: Sebastian Strohmaier
ISBN 3-442-12282-1

MAGISCH REISEN

Mit dem Herzen die Welt erleben und zu sich selbst finden

Erholungsreisen, Bildungsreisen, Abenteuerreisen – es gibt viele unterschiedliche Wünsche und Erwartungen rund ums Reisen. In einer Zeit des Umbruchs, in der fast jedes Ziel auf unserem Erdball Reisenden zugänglich ist, in der es kaum noch geographisch weiße Flecken gibt, kann Reisen jedoch einen neuen Sinn gewinnen. Die Faszination der Begegnung mit anderen Ländern, Menschen und Kulturen liegt nicht mehr nur im vordergründigen Erleben der Exotik des Andersseins, sondern darin, was wir über uns selbst und über unser gemeinsames menschliches, kulturelles, religiöses Erbe erfahren. **MAGISCH REISEN** ist die Aufforderung zum Reisen in fremde Länder, als blicke man in einen Spiegel der eigenen Seele.

Die Idee für die Reihe **MAGISCH REISEN** stammt vom bekannten Fachbuchautor, Astrologen, Mythenforscher, Journalisten und Dramaturgen Bernd A. Mertz. Er, der Goldmann Verlag und der Herausgeber legen eine in sich geschlossene Reihe vor, die allerdings der Einzigartigkeit von Land, Themenkreis und Autor/in immer individuellen Spielraum öffnet.

MAGISCH REISEN, das heißt anders reisen: Orte der Kraft und heilige Stätten erleben, Göttern und Heiligen, Urgestalten und Heroen begegnen und die Welt der Mythen und Märchen, der Sagen und Fabeln betreten.

MAGISCH REISEN heißt auch anders lesen: mit Verstand und Herz, mit Gefühl und Seele in Geschichte und Geschichten, in Stimmungen und Landschaften, in geistige Botschaften und heilige Energien eintauchen, äußere Reisen zu inneren Erfahrungen machen, im Geiste in ferne Gefilde entschweben, ohne den Fuß vor die Türe zu setzen.

MAGISCH REISEN möchte die Leser/innen dazu inspirieren, das Leben als die magische Reise zum eigenen Sinn zu erfahren, auf deren Wegstrecke die äußeren Reisen in immer wieder neue Winkel unserer alten Mutter Erde auch immer wieder neue Anstöße zur bewußten Lebensreise sind.

Der Herausgeber

Wolfgang von Rohr

Inhalt

Einleitung

Die Frage, wozu dieses Buch erscheint, ist besonders wichtig, denn die Reiseführer der verschiedensten Richtungen über Griechenland sind jetzt schon kaum zu zählen. Beginnen wir daher mit den Feststellungen, was dieses Buch nicht will und auch nicht bringt.

»Magisch Reisen: Griechenland« will kein Reiseführer im üblichen Sinn sein. Weder spielt die Geschichte Griechenlands eine herausragende Rolle noch die Landschaft, die Gesellschaftspolitik und die Kultur. Auch werden die Tempel nicht so beschrieben, daß nachzulesen ist, wie viele Säulen – und welche – dieser oder andere Heratempel einst aufwiesen oder wie breit die Ost-, die Süd- oder Westfront war. Das alles ist in anderen Reiseführern vielfältig nachzulesen.

Was aber bringt dieser magisch-esoterische Reiseführer dann im Gegensatz oder als Ergänzung zu den anderen Reiseführern? Er will die Reisenden und Kultursuchenden in die Mysterienwelt der Mythen und Sagen einführen und deren archetypischen Hintergrund erläutern. Sicher, Sagen und Mythen werden auch in anderen Reiseführern erwähnt oder beschrieben, wir aber wollen sie in erster Linie unter dem Aspekt ihres esoterischen, magischen Gehalts schildern und vorstellen, denn ihr Erbe lebt noch in uns und wird bei einem Griechenlandbesuch wieder

Tempel der Athene –
Akropolis/Athen lebendig, wenn auch nicht immer bewußt. Damit begeben wir uns auf die Spuren der abendländischen Kultur einschließlich ihrer Religion,
der Psychologie und des menschlichen Erbguts,
das jeder von uns in sich trägt.

Wir beschränken uns bewußt auf die klassischen Orte Griechenlands. Der griechischen In-
selwelt einschließlich Kreta und Rhodos sollte
ein eigener Reiseführer dieser Art gewidmet
werden.

Auch wird nicht jeder Tempel, jede Kultur-
stätte in Griechenland Beachtung finden. Wer
zum Beispiel andere Zeustempel aufsucht als die
hier erwähnten Tempel von Athen und Olympia, der kann den mythischen Hintergrund des
Gottes aus den Beschreibungen der erwähnten
Tempel auf die anderen übertragen, denn dieser
Hintergrund verändert sich nicht.

So werden die Leser in diesem Buch den Mysterien des alten klassischen Griechenland begegnen, während sie gleichzeitig jene Stätten besuchen, an denen die Mysterien einst besonders
bedeutsam waren. Damit wird die Magie dieses
Landes von einer Seite geschildert, die weit über
die klassischen Bauten und Ruinen hinausgeht.

Die Tempel reden in Symbolen und vermitteln **Was die Tempel**
etwas vom alten Erbgut Europas und anderer **uns zu sagen**
westlicher Länder, das heute noch in uns lebt **haben**
und uns sogar Wegweiser für unsere persönliche
Lebensgestaltung sein kann. Die Mythenwelt
der alten Griechen ist die Basis für eine Psychologie, die auch heute noch gilt.

Das schlägt sich in so gut wie allen esoterischen Richtungen nieder, die als Lebenshilfe
verstanden sein wollen. Wem das zu weit geht,
der wird durch dieses Buch Griechenland anders
kennenlernen und zumindest sein Wissen vielfach erweitern können.

Zu den Quellen der Antike

Athen lieben die Götter, und die Athener erwidern diese Liebe – so hieß es einst. Daher sind die Erwartungen der Besucher, die nach Athen kommen, höchst gespannt, besonders derjenigen, die hier die magische Ausstrahlung und Anziehung der griechischen Metropole, die einst der abendländischen Menschheitsgeschichte wichtigste Impulse gab, erleben oder aufspüren wollen. Doch was sehen sie? Athen, eine permanent wachsende graue Stadt mit wenig von der Sonne verbranntem Grün, mit einer smogreichen Luft voller Abgase, mit steter Hetze und Lärm – kurz, eine Großstadt zum Fürchten. Diese Stadt, von ihren Bewohnern verächtlich auch Zementopolis genannt, soll einst eine bevorzugte Stadt der Götter gewesen sein? Nein, nur schnell ein Ausflug in die Hochstadt, die sich Akropolis nennt, um dort wenigstens einige Fotos zu machen, und dann hinaus zu den Inseln Griechenlands, zu den Küsten in die Sonne, in die Ruhe!

Athen – erste Eindrücke

Nun gut, wer diesen ersten Eindruck nicht hinterfragt, wer nicht nur mit den Augen, sondern auch mit dem Herzen sehen und erleben will, der fahre von hinnen. Der Zauber dieser Stadt mit ihrem tiefen archetypischen Wissen, mit ihrer magischen, esoterischen Ausstrahlung wird ihm für immer verschlossen bleiben.

Damit wird der normale Besucher auch nie Zugang zur magischen Kraft und Bedeutung des klassischen Griechenland finden, wird nie über die Mythen etwas ganz Persönliches erfahren, wird nie neue Welten in sich selbst erblicken.

Es gehören Aufgeschlossenheit und Mühe dazu, hinter die Maske der Industriestadt Athen zu schauen, aber es lohnt sich. Athen ist Ausgangspunkt und Schlüssel für die tiefen Werte Griechenlands.

Zeugen einer großen Vergangenheit

Die antiken Ruinen Athens sprechen. Leise, aber eindringlich. Sie erzählen von Mythen, von uralten Menschheitserfahrungen, von Göttern, die kaum je so menschlich gesehen wurden wie hier.

Was sind Mythen? Real übersetzt: phantastische Worte. Aber diese Erklärung faßt nicht die Tiefe, die darin verborgen ist. Mythen suchen den inneren Wahrheitsgehalt. Für die Wetterforscher ist ein Gewitter eine meteorologische Erscheinung, für Mythen sind es von einer Gottheit ausgelöste Feuer, Donner und Wasser.

Götter spielen bei Mythen die Hauptrollen, daher beruhen alle Religionen zum größten Teil auf Mythen. Mythos und Religion sind zwangsläufig miteinander verbunden. An Religionen glaubt der Mensch, Mythen aber sind es, die diesen Glauben erst wahr machen, weil sie in unserer Seele leben.

Niemand kann eine Religion ganz vom Mythos trennen, da es keine Religion, keine Auseinandersetzung mit den Gottheiten oder dem Gott, dem Schöpfer, ohne Mythos gibt.

Rechts:
Die Göttin Athene,
die der Stadt
ihren Namen gab

Das gilt auch für die griechischen Mythen, die viel älter sind als die Menschen, die nach ihnen lebten – auch in Athen und Griechenland. Doch der magische Zauber besteht darin, daß durch

Athen und Griechenland diese Mythen wieder in uns aufleben, wieder wahr werden. Sie erzählen uns – in Symbolen –, wie die Welt erschaffen wurde, wie man einst mit den Göttern lebte, die sich der Mensch ja schuf, um seinen Weg auf dieser Erde zu finden.

Mythen sind das Wissen unseres kollektiven Unbewußten, und damit gehören sie sowohl zur Historie der Menschheit als auch zur höchst individuellen Geschichte jedes einzelnen.

Selbstverständlich sind in Mythen meist auch historische Ereignisse verwoben, wenn sie von Kriegen, Schlachten oder Königsdramen sprechen. So zeigen sie uns den Sinn unserer Geschichte klarer und eindringlicher, als ihn je ein Historiker erläutern könnte. Daher sind Mythen wichtige Lehrer, die uns etwas zu sagen haben, damit wir nicht alte Fehler, die auch in uns leben, wiederholen, wie es unsere Urahnen vielleicht einst taten. Zudem sprechen sie von einer Zeit, von der wir kaum mehr Spuren finden können. Aber die Menschen, die vor drei- bis zweitausend Jahren lebten, waren sich noch der Spuren bewußt und ließen sich daher von Mythen leiten oder erkannten in ihnen ihre Aufgaben, ihre Leitthesen, nach denen sie ihr Leben dann – mehr oder weniger gut – zu gestalten versuchten.

Gerade auf diesem Gebiet waren die Griechen klüger als andere Völker, ja sogar weise, und deswegen haben ihre – später aufgeschriebenen – Mythen die abendländische Menschheit bis heute beeinflußt. Die Reisenden, die nach Griechenland fuhren und fahren, spüren dies. Unter dem Licht der griechischen Sonne leben die Mythen bis heute.

Was die Mythen uns zu sagen haben

Die gesamte Literatur dieses Landes handelt von mythischen Erfahrungen oder Geschehnissen, was wir besonders deutlich empfinden, wenn wir Werke von Homer oder Sophokles lesen, um nur zwei Namen für viele zu nennen. Diese Mythen wurden von unserer modernen Psychologie wiederentdeckt, und man mußte erkennen, daß die griechische Mythenwelt die Grundlage einer klassischen Psychologie darstellt, der wir bis heute kaum etwas Gleichwertiges entgegenzusetzen haben. Wer also nach Griechenland fährt, wer in Athen mit dem Flugzeug landet, per Auto anreist oder mit dem Schiff im Hafen von Piräus ankommt, der kann und wird, wenn er nur will und aufgeschlossen ist, etwas über die Geheimnisse der Menschheitsentwicklung, aber auch über sein individuelles Erbe erfahren, das ihm neue Tore öffnet.

Nur beginne er damit nicht in Athen, der Stadt seiner Ankunft! Er habe den Mut, die Akropolis, den Zeustempel, das Museum und vieles andere zunächst noch nicht zu besuchen. Er nehme sich statt dessen ein Taxi, denn die meisten Rundreisen berühren den Ort 22 Kilometer vor Athen nicht, den jeder als erstes in seine Besichtigungsreise einplanen sollte. Ein kleiner Ort, inmitten schrecklicher Industrieanlagen, und doch der Ort, der Ausgangspunkt jeder magischen Reise in diesem Land sein sollte.

Wir meinen Eleusis, wo die großen Mysterien auf die Zeit um 2000 vor der Zeitwende zurückreichen, wo ein altes Heiligtum stand, welches seinen Einfluß auf ganz Griechenland ausübte.

Das Geheimnis der alten Mysterien – Eleusis

Mythen führen uns zu den Uranfängen der Menschheit zurück, zurück in die Tage, da der Mensch sein Leben bewußt zu leben lernte. Mit der Bewußtwerdung wurde jedoch auch die Angst geboren. Die Angst, das irdische Dasein nicht meistern zu können.

So wurde Ausschau nach dem Himmel gehalten, und der Mensch schuf sich seine Götter.

An wichtigster Stelle stand – und steht im Grunde bis heute – die Frage der Ernährung, das Stillen des Hungers. Griechenland besitzt keinen Nil, der ja nach dem Glauben der alten Ägypter im Himmel entsprang und jährlich die Fruchtbarkeit brachte. Mit der Fruchtbarkeit wies der Nil die Ägypter zu ihren Göttern, die dann das Leben an den Ufern des Stroms bestimmten.

Die Götter – Geschöpfe des Menschen

Griechenland ist eine zerklüftete Halbinsel, vom Meer umschlungen, ohne einen größeren oder bedeutenden Fluß. Wer einmal Griechenland überflogen oder das Land durchfahren hat, der weiß um die steinige, größtenteils sehr unfruchtbare Landschaft. Diese ist dazu in den meisten Monaten des Jahres von der Sonne verbrannt, ausgedörrt, und es bedarf großer Anstrengung, dem Boden Fruchtbarkeit abzuringen, damit sich dort eine Zivilisation entwickeln kann.

Die alten Griechen – gehen wir in die Zeit bis

2000 v. Chr. zurück – wußten, daß nur eine Gottheit ihnen helfen konnte, ausreichend Nahrung zu erhalten. Diese Gottheit hieß *Demeter*.

Demeter, die Göttin der Fruchtbarkeit und des Getreideanbaus, war eine Schwester des Zeus, der höchsten Gottheit im Olymp, und beider Brüder waren Poseidon und Hades.

Zeus jedoch zeugte mit Demeter, der Korngöttin, eine Tochter: Persephone. Persephone war sehr schön. Man sagte von ihr, daß ihr Antlitz einer Rosenknospe glich. Ihre liebliche Ausstrahlung wurde auch in der Götterfamilie gerühmt; so spielten Artemis, die Zwillingsschwester des Apollon, und Athene, eine andere Tochter des Zeus, gerne mit ihr. Mutter Demeter behütete indes ihre Tochter sehr und wehrte jeden Freier ab, so daß sich kein Gott oder gar ein Mensch getraute, sich Persephone zu nähern.

Demeter, Hades und Persephone – Urmythe der Menschheit

Hades, der Gott der Unterwelt und Bruder des Zeus (damit auch der Bruder von Demeter), begehrte jedoch Persephone mit ganzem Herzen. Die Unterwelt – auch Haus des Hades genannt – war nicht nur die Welt der Toten oder der Schatten, sondern sie umfaßte die ganze unterirdische Erde mit ihren unermeßlichen Schätzen. Somit war Hades ein mächtiger und reicher Gott.

Dieser Hades fragte seinen Bruder Zeus als oberste Gottheit, ob er Persephone besitzen dürfe. Zeus willigte ein. Er hatte sowieso mit seiner eher bäuerischen Schwester Demeter nicht viel im Sinn. Deswegen zählte auch Demeter nie zu den zwölf olympischen Göttern. Wie Zeus und Hades es geplant hatten, geschah es.

Persephone tollte auf einer Wiese herum und betrachtete eine Blume – man sagt, es sei eine Narzisse gewesen – genauer. Sie freute sich, daß

die Erde dank ihrer Mutter Demeter so schöne
Pflanzen wachsen und gedeihen ließ. So bemerkte sie nicht, wie sich die Erde plötzlich öffnete und ein goldener, von vier Rössern gezoge-
ner Wagen mit Hades aus der Erde herausschoß,
um Persephone in die goldene Unterwelt zu entführen. Demeter hörte neben Hekate (Göttin des
schwarzen Mondes = Neumond) die (noch) ent-
setzten Schreie ihrer Tochter, aber sie konnte sie
nicht mehr finden, die Erde war augenblicklich
wieder verschlossen.

Damit sind wir in *Eleusis*, von wo wir bald zum **Die Pforte zum**
Reich der Hekate gelangen. Hier ist die Pforte **Reich der geheim-**
zum Reich des Hades (heute heißt der Ort Pluto- **nisvollen Hekate**
nium) zu besichtigen. Man erblickt zwar den an-
geblichen Eingang, aber die Erde bleibt verschlossen.

Demeter, die ihrem Bruder diese Entführung
nicht zugetraut hatte, irrte durch die ganze Welt,
um Persephone zu finden. Vergeblich. Schließlich wandte sie sich an Helios, den Gott der
Sonne, um Hilfe zu erlangen. Da die Sonne alles
an den Tag bringt, offenbarte Helios alles, auch
daß Zeus seine Hände mit im Spiel hatte, wenn
er auch der Ansicht war, Persephone hätte es bei
Hades doch sehr gut getroffen.

Da zürnte Demeter so laut und stark, wie auf
der Welt noch nie gezürnt worden war. Jetzt ver-
ließ sie endgültig den Olymp, um bei den Menschen zu leben. Aber sie verschenkte keine
Fruchtbarkeit mehr, so daß die Erde immer mehr
ausdörrte und die Welt in einen schlimmen Zustand versetzt wurde.

Gleichzeitig meinte der dritte Bruder, Poseidon, Demeter nun nachstellen zu können, so
daß sie sich als altes Weib verkleiden mußte, um

seinem Begehren auszuweichen. So kam Demeter nach Eleusis, wo sie – unbekannt – am Königshof wohlwollend aufgenommen wurde. Sie ahnte nicht, daß sie sich nun auch am Eingang zum Reich des Hades befand und somit ihrer Tochter ganz nahe war. Nachdem die Erde alsbald immer mehr einer Wüste denn einem fruchtbaren Land glich, lenkte Zeus ein. Ihm war von vornherein klar gewesen, daß Demeter Hades niemals als Schwiegersohn akzeptieren würde, aber er meinte, Persephone würde sich schon mit dem Herrn der Unterwelt arrangieren.

Demeter: Eine Göttin straft die Menschheit für göttlichen Frevel

Die Menschen mühten sich vergeblich; kein Korn, keine Saat gedieh. Da sandte Zeus Boten nach Eleusis, um Demeter zur Rückkehr in den Olymp zu bewegen. Vergebliche Liebesmüh. Demeter schwor, daß die Erde keine Ernte mehr sehen würde, solange Persephone nicht wieder bei ihr war.

Also mußte sich Hades dem Wunsch von Zeus beugen. Hermes, der Götterbote, sollte Persephone aus der Welt der Schatten wieder herausbegleiten. Jetzt griff Hades zu einer List: Persephone, so forderte er, dürfe nichts aus seinem Reich mitnehmen. Diese jedoch, der es bei Hades gar nicht einmal so schlecht gefallen hatte, nahm als Andenken einen Granatapfel mit, den sie von einem Baum pflückte. Dies wurde von einem Unterweltsgeist beobachtet und – wie es Hades erwartet hatte – ihm gemeldet.

Die Folge war, daß Zeus nun vermittelnd eingreifen mußte, denn Persephone hatte ja das Recht verspielt, auf die Erde zurückzukommen. So entschied er: Persephone weile zwei Drittel des Jahres auf der Erde, ein Drittel des Jahres (im Winter) im Reich seines Bruders Hades.

*Demeter schenkt
den Menschen
das Samenkorn*

Nun konnte Hermes seinen Wagen anspan-
nen, um mit Persephone an die Oberfläche der
Erde zu kommen, wo Mutter und Tochter in
Eleusis ihr Wiedersehen feierten.

Persephone – auch Kore, Mädchen, genannt –
war und blieb also auch Königin der Unterwelt.

Demeter, die nun ihre göttliche Gestalt wieder

annahm, blieb jedoch bei den Menschen und vermachte diesen ein wertvolles Geschenk. Sie übergab dem Prinzen des Königshauses von Eleusis, Triptolemos, ein Samenkorn und legte so die Fruchtbarkeit des Landes in die Hände der Menschen, da sie ihnen den Getreideanbau ermöglichte. Als Dank verlangte sie, daß man ihr hier an dieser Stelle in Eleusis ein Mysterien-Heiligtum errichte, was auch baldigst geschah.

Der Reisende, der nach Eleusis kommt, kann neben dem Eingang zum Reich des Hades die Ruinen dieses Heiligtums sehen. Im Telesterion wurden nun während mehrerer Tage die vorgeschriebenen Kulthandlungen abgehalten.

Demeter schenkt den Menschen das Saatkorn

Durch die Mythe von Persephones Wiederkehr war den Menschen bewußt geworden, daß ein Wiederkommen aus der Unterwelt möglich sei. Das war für sie sehr wichtig, denn nun verschwand die Angst vor dem Lebensende. Die Menschen hatten auch immer wieder beobachtet, wie ein reifes Samenkorn aus dem Halm in die Erde fiel und dort scheinbar begraben wurde. Doch wenig später keimte aus diesem Saatkorn neues Getreide. So haben wir es hier mit einem Fruchtbarkeitskult zu tun, der vielleicht zunächst nur mit der erhofften Ernte begann, sich dann aber auf das Menschenleben und sein Ende übertrug. Das Werden und Vergehen wurde zur Kulthandlung. Die Seelen der Menschen – nicht der Verstand – wußten nun, daß es ein Weiterleben gab. Cicero drückte das in einem Brief über Eleusis so aus: »Nicht nur haben wir dort den Grund erhalten, daß wir in Freude leben, sondern daß wir mit besserer Hoffnung sterben.«

Zu Tausenden strebten besonders die Athe-

Die Ruinen des Heiligtums von Eleusis

ner, aber auch andere Bürger nach Eleusis, um dort am Geheimkult teilzunehmen. Bis zu 5000 Personen faßte das Telesterion, ein überdachter und nach außen völlig abgeschirmter Raum, der wohl das Gefühl der dunklen Unterwelt vermitteln sollte. Damit alle Menschen Platz fanden, zogen sich acht Treppenstufen an den Wänden entlang. Es gab Kleine und Große Mysterien, und alle Bürger durften an dieser Einweihung teilnehmen, ob Männer, Frauen, Kinder, Sklaven oder Fremde. Bedingung war nur, daß sie griechisch sprachen. Wer durch die Kleinen Mysterien eingeweiht war, durfte von den Einweihungszeremonien kein Wort verraten. Bei Nichtbefolgung drohte die Todesstrafe. Die Eingeweihten – auch Mysten genannt – hielten sich daran, denn den zum Tode Verurteilten und Hingerichteten sollte kein Wiederkommen ermöglicht sein. So sind uns von den Kulthandlungen keine Einzelheiten überliefert. Natürlich waren diese Riten sehr von wilden Gerüchten begleitet. Man sprach (und tut es heute noch) von Orgien. Aber bei den alten Griechen hieß jeder Geheimkult Orgie, den heutigen Beigeschmack hatte das Wort damals nicht.

Die heiligen Orgien von Eleusis Man weiß nur, daß es Tänze gab, Fackelumzüge, um das Licht zu beschwören, auch Tieropfer, aber die eigentlichen Zeremonien wurden drei Tage lang im völlig abgeschlossenen Telesterion begangen, wo sich die Menge um ein Feuer und um ein kleines Heiligtum mit einer Holzstatue der Göttin Demeter scharte. Die Riten standen unter der Leitung eines Priesters oder eines Hierophanten. Diese Priester besaßen große Macht und genossen manche Vorrechte. So befindet sich in der Nähe dieser Kultstätte ganz nahe am Meer noch heute ein kleiner Süßwassersee, eine Besonderheit der Natur. Dieser See war nur den Priestern zugänglich, die sich hier reinigten, aber auch Fische fingen, ein Privileg, das nur sie innehatten.

Das riesige Telesterion (zirka 52 × 54 Meter) ist unter den unzähligen Heiligtümern und Tempeln Griechenlands etwas ganz Besonderes, weil sich hier die Gläubigen innen trafen, während die Tempel sonst nur den Göttern vorbehalten waren und sich die Gemeinde draußen versammeln mußte.

Hier also (und an noch einer anderen Stelle, die jedoch mit dem Heiligtum von Eleusis direkt verbunden war und ist) begegneten die Griechen dem Jenseits. Man sagt ihnen ja gerne nach, daß ihre Lebensführung ganz dem Diesseits verhaftet war, jedoch das Heiligtum von Eleusis spricht dagegen. Zumindest die Menschen, die sich hier einweihen ließen und sich dadurch zu Mysten

wandelten, durften sicher sein, nach dem Tode –
in welcher Art auch immer – weiterzuleben.

Daran glaubten die Bürger dieses Landes,
denn pro Jahr kamen oft über 30000 von ihnen
zum Heiligtum, um sich einweihen zu lassen.
Ähnlich wie die Ägypter erlebten sie bei den kul-
tischen Handlungen den Tod noch in ihrem Leben, erfuhren lebend das Sterben, so daß der Tod
seinen Schrecken verlor. Die Erkenntnis, daß ins
Reich des Hades nicht nur ein Tor hineinführte,
sondern auch eines hinaus, war lebenswichtig.

Die beiden Pforten wurden sinnbildlich dargestellt: Von Eleusis nach Athen (oder umgekehrt,
je nachdem, woher man kommt) verlief und verläuft noch heute die »Heilige Straße«, *Hiera Odos*
genannt. In Eleusis endet oder beginnt diese
Straße direkt im Heiligtum bei den zwei Propyläen, den Eingangstoren zum heiligen Bezirk,
und führt 22 Kilometer weit zum Reich der Hekate, das einst am Rande von Athen, heute im
Stadtbereich Kerameikos liegt, und das bereits
auf uns wartet.

Für die heutigen Reisenden sei nur erwähnt,
daß Eleusis in einer schrecklich verstaubten,
versmogten, lauten Industrieumgebung liegt,
und wenn sich auch fast kein Besucher hierhin
verirrt, sollte dieser Ort der Kraft bei einer Rund-
reise nicht ausgelassen werden, denn er regt
zum Denken über sich und das ewige Werden
und Vergehen an. Wer den Eingang zum Hades **Auch heute noch**
betrachtet (egal, ob hier der Gott nun wirklich **von magischem**
mit seinem Viergespann hervorschoß oder **Zauber erfüllt:**
nicht), wer auf dem Telesterion schweigend ein- **Der Eingang zur**
hergeht, der wird vom magischen Zauber des **Unterwelt**
Heiligtums erfüllt.

Es ist der Ort der Göttin – immerhin der

Schwester von Zeus, Hades und Poseidon –, die hier zu den Menschen kam. Wenn auch alle Götter Griechenlands, wie nirgendwo anders auf der Welt, überwiegend menschliche Züge tragen: Die Göttin Demeter schenkte den Menschen die Lebensfähigkeit, lehrte sie, daß das Leben nicht nur einen kleinen Atemzug der Zeit bedeutet, sondern daß dieses Leben im Rhythmus des Tages und der Nacht sich immer wieder erneuert.

Brechen wir nun zum Reich der Hekate in Athen auf, die eine völlig andere Gottheit darstellt, aber die Menschen auch hoffen lehrte.

Der lächelnde Abschied – Kerameikos

Um an das Ende des 22 Kilometer langen heiligen Weges zu gelangen, müssen wir einen Friedhof besuchen. Es handelt sich um einen antiken Begräbnisplatz, der eher als Weihestätte zu betrachten ist.

Dieser Friedhof liegt im Stadtteil *Kerameikos.* Das Wort kommt von Kerameus, Töpfer, deren Zunft einst hier wirkte. Heute schließt dieser Stadtteil nordwestlich des Flohmarkts um den Monastiraki-Platz an. Über die Hermesstraße, die *Odos Ermou,* betreten wir die Gräberstadt. Es empfiehlt sich, am Kassenhäuschen für wenige Drachmen einen Übersichtsplan in deutscher Sprache zu kaufen. Auch hier – wie in Eleusis – ist die Umgebung nicht gerade einladend. Fuhrparks, Werkstätten sowie viel Lärm und Smog lassen nicht ohne weiteres erahnen, welchen magischen Ort wir betreten.

Aber in der Gräberstadt empfängt uns eine wohltuende Stille, die zur Besinnung und zum Nachdenken über das Diesseits und Jenseits einlädt. Man bringe Zeit mit.

Ein stiller Friedhof inmitten der lauten Stadt

Die »alte« Heilige Straße läuft fast mitten durch dieses kleine Tal neben dem Bach *Eridanos* und endet am Heiligen Tor. Heute kündet nur ein kleines Schild davon. Etwas parallel führten, heute hier noch sichtbar, die wichtigsten Zufahrtsstraßen nach Athen. Sie endeten jedoch

*Der lächelnde
Abschied:
Grabstein von
Kerameikos*

nicht am Heiligen Tor, sondern beim *Dipylon*, das einst als Doppeltor das größte Tor Athens war. Kein Wunder, daß dieses Tor von Livius auch als Mund der Stadt bezeichnet wurde.

Vor dem Tor bot ein Brunnenhaus Labsal für alle diejenigen, die von hier nach Eleusis aufbrachen oder von dort zurückkamen. An einem Torpfeiler wurden Hermes, dem beschützenden Gott der Wege, Opfer gebracht, wenn sich hier Pilger und Bürger Athens versammelten, um Kulthandlungen für ihre Verstorbenen zu vollziehen. Zwischen beiden Toren, dem Heiligen Tor und dem Dipylon, erkennt man heute noch die Basisruine des riesigen Pompeion, in dem einst alle heiligen Gerätschaften aufbewahrt wurden.

Vom Heiligen Tor (Markierung) erblickt man einen gut erhaltenen Torturm mit der Flußüberwölbung. Von hier gehe man einige Schritte die Heilige Straße in Richtung Westen (nach Eleusis), bis halbrechts die Gräberstraße abzweigt. Hier findet man noch Grabsteine vor allem von Familiengräbern aus der Zeit vor Christus, andere befinden sich übrigens im Historischen Museum von Athen.

Neben einem Pfeiler mit Stier (der zur Grabstätte des Schatzmeisters Dionysios gehört) fällt auf, daß alle Gedenksteine lächelnde, manchmal gar glückliche Gesichter zeigen. Was ist der Grund dafür?

Grabstätten, Statuen und der Altar der Hekate

Nun, wir halten uns im Reich der Hekate auf, deren heiliger Bezirk, *Temenos*, mit Altar (es ist nicht ganz sicher, ob er echt ist) als Symbol für die gesamte Grabanlage steht.

Hekate war die Göttin oder das Symbol des sterbenden und auferstehenden Mondes.

Um dies in seiner Tiefe zu begreifen, müssen wir einen Blick zum Himmel werfen. Dort erkennen wir Tag für Tag das Spiel der beiden Lichter. Das größere Licht, die Sonne, symbolisierte immer den Tag, die Helle, die Frühlings- und Sommerzeit sowie das Bewußte. Der Mond, das kleinere Licht, versinnbildlichte stets die Nacht, das Dunkle, das Schattenreich, die Herbst- und Winterzeit sowie das Unbewußte, die Seele.

Das Zusammenspiel von Sonne und Mond bewirkte die Phasen des Mondes – denken wir nur an den Vollmond, die Halbmonde oder die beiden Mondsicheln. Oft verschwindet aber der Mond ganz vom Himmel. Dann ist er der Schwarz- oder der Dunkelmond (heute nennen wir ihn Neumond), und einst hieß es sogar, der Mond wäre in sein Grab gegangen. Aber er ist am Himmel jenes Symbol, das immer wieder aufersteht – und zwar am dritten Tag –, nachdem er in sein Grab gegangen, also gestorben war.

Die Menschen damals, die oft am schweren Leben verzweifelten und unter denen viele einen frühen Tod starben, schauten sehnsuchtsvoll zum Himmel, um dort Hoffnung zu erhalten.

Der Mond – Hoffnungsbild der Menschen

Diese Hoffnung gab ihnen der Mond, das Licht am Himmel, das stirbt, aber auch wiederaufersteht oder wiedergeboren wird. Dieses Hoffnungssymbol ging später in die großen Weltreligionen ein, ganz besonders in das Christentum.

Außerdem konnte sich der Mensch mit dem Mond sehr gut identifizieren, denn er versinnbildlichte das Werden und Vergehen eines Lebens. War er auferstanden oder geboren, wuchs die Mondsichel immer mehr an, bis der Mond als Vollmond (in Opposition zur Sonne) in voller Le-

War dies ein Altar
für die Göttin
Hekate?

bensblüte am Himmel stand. Danach nahm er
dann ab, wie auch die Menschen an Lebenskraft
verlieren, bis sie – wie der Mond – sterben.

Zudem deckt sich der Rhythmus des Mondes
mit dem biologischen Rhythmus der Frau. Rund
28 Tage braucht der Mond von seiner Geburt bis
zum Tod. Das ist der Rhythmus der Frau, die
sich auch rund alle 28 Tage erneuert oder als
Mutter wiedergeboren wird.

Ferner zeigt der Mond noch zwei ganz besondere Bilder: Alle Lichter des Himmels gehen wie
der Horizont im Osten auf. Nicht nur die Sonne –
also der Tag –, sondern auch die Sterne – damit
die Nacht – kommen stets aus dem Osten. Doch
der Mond ist eine Ausnahme. Da, wo alle Lichter, Sonne und Sterne erscheinen, nämlich im

Osten, ist die sterbende, die abnehmende Mondsichel das letzte Mal zu sehen. Der Mond stirbt in
den Strahlen der aufgehenden Sonne, um im
Osten in sein Grab zu gehen. Sinnbildlich bedeutet dies: Der sterbende Mond verhilft den Lichtern im Osten zum Leben. Von diesem Bild leite-
ten sich später auch die Menschen- und die stell-
vertretenden Tieropfer ab.

Abends stirbt die Sonne im Westen, wie auch
alle Sterne, die morgens im Westen untergehen.
Mit einer Ausnahme. Der Mond geht im Westen
auf, da, wo alle Gestirne sterben. Die erste
schmale zunehmende Mondsichel ist stets nur
im Westen zu sehen. Da, wo also alles stirbt,
steht der Mond auf, da beginnt sein neues Leben. Die vergehenden Lichter verhelfen also
dem Mond zur Wiedergeburt. Stets wurde er mit
der Seele der Menschen gleichgesetzt, besonders
in der Astrologie, so daß sich die Überzeugung
herausbildete, daß auch die Seele nie vollends
stirbt, sondern permanent neu geboren wird.
Auf der ganzen Welt ist dieser magische Glaube
für die Menschen seelische Wahrheit.

Und weltweit haben die Bilder des Mondes die
Völker beeindruckt. Sie schufen sich danach ihre
Religionen und Götter, die das Sterben und Wie-
derauferstehen symbolisieren.

Warum die Mond-
göttin drei
Gestalten hat
Am eindringlichsten gelang dies den Griechen: Ihre Dunkelmondgöttin ist dreigestaltig.

Eine besonders schöne dreigestaltige Hekate
ist ganz in der Nähe des Kerameikos-Friedhofs
zu besichtigen. In der Stoa der griechischen
Agora steht sie am Fenster.

Die drei Gestalten in einer symbolisieren den
sterbenden Mond, den Mond in seinem Grab,
den wiederauferstehenden Mond.

Es gibt dreigestaltige Darstellungen der Hekate, da sie außerdem noch vier Symbole in ihren Händen hält:

Zunächst eine Fackel, die das Sterben der abnehmenden Mondsichel in den Strahlen der Sonne verdeutlicht. Dann einen dunklen Stab, der das Grab symbolisiert. Dies müssen wir etwas erläutern:

Wer öfter zum Himmel blickt, der kennt die Milchstraße, die auch als Lebensbaum, als Fels, als Stab des Himmels bezeichnet wurde. Die zuletzt sichtbare Mondsichel steht nun oft nahe am Stab, bevor sie vom Himmel verschwindet. So deckte der Stab das Grab des Mondes zu. Die neue Mondsichel wird jedoch erst dann sichtbar, wenn der Stab des Himmels, die Milchstraße, sich weiter am Firmament weggedreht hat; dann ist das Grab leer, weil auch der Mond weitergewandert ist. Daher der Stab in der Hand der Hekate.

Das dritte Symbol ist eine Schlange. Sie stand nicht nur stets für den Mond, sondern sie war auch Versinnbildlichung des wiederkehrenden Lebens, da sie sich häuten, also scheinbar verjüngen kann, denn es sieht aus, als gelange die Schlange durch die Häutung zu neuem Leben. In der Hand der Hekate bedeutet die Schlange das neue Leben für den Mond. Das vierte Symbol schließlich ist ein Schlüssel oder ein Werkzeug, was jeweils ausdrückt, daß das neue Leben zu meistern ist, aufzuschließen und aufzubauen.

In das Reich der Hekate müssen wir also alle gehen, aber auch von dort gibt es einen Weg zurück, ähnlich wie aus der Unterwelt des Gottes Hades.

Es ist sicher kein Zufall, daß die Heilige Straße

die beiden Heiligtümer verbindet. In Eleusis ging es jedoch mehr um das allgemeine Schicksal der Menschheit, während hier in Kerameikos eher das individuelle Schicksal der einzelnen Menschen im Vordergrund stand. Zum Bereich der Hekate führte in erster Linie ein Bild des Himmels, während es in Eleusis die Erde war, die den tiefen Zugang zum Jenseits eröffnete.

So verbinden sich mit beiden Heiligtümern auch Erde und Himmel, Mensch und Gott, das Irdische und das Kosmische.

Das Lächeln der Hoffnung auf ein Wiedersehen

Nun erklären sich auch die fast freundlichen Gesichtszüge auf den Grabgedenksteinen. In diesen Gesichtern steht die Sicherheit geschrieben, daß es nach einem (vielleicht langen) Abschied doch ein Wiedersehen – zumindest der Seelen – geben wird.

Hierher strebten also die Athener. Es war ihnen gestattet, bereits zu ihren Lebzeiten einige Kubikmeter des Geländes zu kaufen, um sich hier und nirgendwo anders bestatten zu lassen. Das Nachleben sollte nicht dem Zufall überlassen werden. Je näher man im Tode dem Schattenreich der Hekate kam, desto sicherer schien die Wiederauferstehung, die Gewißheit, daß das Leben letztlich nie stirbt. So wurde auch mancher Luxus in die Grabstätten investiert, der später dann, 371 v. Chr., verboten wurde.

Volles Leben zwischen den Tempeln – Athen, untere Stadt

Auf dem symbolischen Weg von unten nach oben gelangen wir nun zu den beiden Marktplätzen des antiken Athen: zur griechischen und zur römischen Agora. Auf beiden Plätzen interessieren uns zwar nur je einer oder zwei markante Punkte, die aber sind wichtig und haben eine beachtliche esoterisch-magische Ausstrahlung.

Zunächst die griechische Agora: Hier wurde nicht nur turbulent gelebt, sondern auch gelenkt. Auf diesem Platz trafen sich Freunde, Philosophen, Lehrer mit ihren Schülern, man wanderte umher, traf Bekannte, wurde eingeladen oder lud ein.

Das Leben muß bunt gewesen sein und angeblich schon recht laut. Jedermann konnte einkaufen, vom Gemüse bis zu Töpferwaren, es wurde Geld geliehen und gebettelt, und Gaukler versuchten mit ihren Kunststücken Freude zu bereiten und ihren Lebensunterhalt zu verdienen. Sklaven waren ausgestellt und zum Kauf angeboten, und da auch in Athen schon damals nicht immer gutes Wetter herrschte, gab es viele Kauf- und sonstige Säulenhallen.

Das bunte Leben im alten Athen

Zuerst besichtigen wir in der modernen, wenn auch im alten Stil aufgebauten langgezogenen Stoa, die früher eine zweistöckige Wandelhalle mit Verkaufsständen war, die schon erwähnte dreigestaltige Statue der Hekate.

Ansonsten schauen wir auf einen großen, freien Platz, an dem einst das Rathaus stand, die Tholos*, und viele andere Gebäude sowie manche kleine Tempel und Altäre. Dies alles ist in anderen Reiseführern bestens beschrieben.

Durch die Agora führte eine etwa zehn Meter breite Straße zur Akropolis, die noch jetzt teilweise zu erkennen ist. Heute finden wir hier noch eine byzantinische Kirche aus dem 11. Jahrhundert, aber wir richten unser Augenmerk auf einen höhergelegenen Tempel, zu dem wir emporsteigen.

Das Heiligtum trägt den fälschlichen Namen Theseion, weil man auf den Metopen (das sind die Vierecke im Dachfries mit Reliefdarstellungen) Taten des Herakles und des Stadthelden Theseus erkennt.

In Wahrheit war der Tempel jedoch dem Gott der Schmiede, Hephaistos, gewidmet. Es gibt Autoren, die Hephaistos die Götterwürde absprechen und ihn nur einen Schutzpatron der Schmiede und Bronzegießer nennen. Wir werden aber sehen, daß gerade in bezug auf die Götterwelt und Athen Hephaistos Göttliches leistete und besonders für Athen sehr wichtig war.

Der Tempel, der zur Kirche wurde Man sagt, der Tempel des Hephaistos sei das besterhaltene antike Heiligtum von ganz Griechenland, was um so erstaunlicher ist, als er etwa ebenso alt ist wie der Parthenon. Der Grund: Die Christen benutzten ihn als Kirche, die sie in den Tempel hineinbauten.

Hephaistos war der Gott des Feuers. Er war ein Sohn von Zeus und Hera und betrieb eine Schmiede im Olymp – wahrlich mehr als ein Schutzpatron.

* Rundbau = Versammlungsort Aus der Schmiede des Hephaistos hatte Pro-

metheus das Feuer für die Menschen gestohlen, weswegen er viele Leiden ertragen mußte. Hephaistos bekam die Anweisung, Prometheus auf einem Gipfel mit Ketten anzuschmieden. Jeden Tag kam ein Adler, der von der Leber des Prometheus fraß, die sich in der folgenden Nacht wieder erneuerte. So war Prometheus einer ewigen Qual ausgesetzt. Erst Herakles befreite den Unglückseligen von der Pein.

Die Göttin Athene, die der Metropole ihren Namen verlieh, wurde unter seltsamsten Umständen geboren. Sie entsprang in voller Rüstung dem Kopf des Zeus, nachdem Hephaistos das Haupt des obersten Olympiers gespalten hatte. Zeus gebar also Athene durch einen schöpferischen Gedanken, aber daß diese Geburt gelang, das war allein das Verdienst des Gottes Hephaistos. Daher verehrten ihn die Athener so sehr. Weniger jedoch Zeus, der Hephaistos zürnte, daß er sich das »himmlische«

Hephaistos-Heiligtum: Der besterhaltene Tempel Athens

Feuer stehlen ließ. Daher ließ er diesen zur Strafe eine Frau aus Ton schaffen (nach anderen Quellen tat dies Hephaistos ohne Order von Zeus). Um sie besonders schön zu gestalten, halfen Athene und Aphrodite mit. Hermes wollte auch nicht untätig zusehen, aber er stattete sie – zwielichtig, wie er sein konnte – mit einem hinterlistigen Charakter aus. So erzählten es sich die Athener, so erzählen es auch die Männer von heute.

Der Name der Frau lautete Pandora, die »Allbeschenkte«.

Diese Frau sollte Prometheus geschenkt werden, doch der nahm keine Gaben der Götter mehr an. So überreichte Hermes, der Götterbote, dieses Kunstwerk dem Bruder des Prometheus, Epimetheus. Leider beherzigte dieser nicht die Worte seines Bruders, bei Göttergeschenken vorsichtig zu sein! Er nahm die Gabe an. Bis dahin war das Leben auf der Erde ohne Krankheiten und ohne Übel verlaufen – aber nun brachte Pandora eine verschlossene Büchse mit, die alles Unglück der Welt enthielt.

Die Büchse der neugierigen Pandora

Wäre sie nur nicht so neugierig gewesen! Kaum hatte sie die Büchse geöffnet, kam zehntausendfaches Leid über die Menschen. Nur die Hoffnung blieb zurück in dem Behältnis, was ganz im Sinne von Zeus war.

Vordergründig betrachtet hat es den Anschein, als seien die Götter hier böse. Aber wir dürfen nie vergessen, daß die Mythen wohl die älteste und fundierteste Psychologie darstellen, die die Menschheit je hervorbrachte. Am Theseion-Tempel kann man gut darüber meditieren oder nachdenken, was den Zorn der Götter, die in uns leben, so erregte. Aber auch darüber, daß die Hoffnung uns stets ein treuer Begleiter ist.

Den Göttern das Feuer zu stehlen, geht nicht an, aber es sich zu verdienen, ja! Auf ein künstliches Gebilde – und sei es (Pandora) noch so reizvoll – hereinzufallen, ist Dummheit, denn erst muß erkannt werden, was in einem Menschen enthalten ist. Der Schein ist immer trügerisch, oft auch derjenige der Götter.

In Deutschland kennen wir die alte Volksweisheit, daß jeder seines Glückes Schmied ist – was hier in erster Linie gemeint ist. Die Griechen haben dies scheinbar sehr gut erkannt. Denn auf der Agora (ganz nahe am Eingang, auf der Seite, wo heute die Metro fährt) stand einst der Altar der zwölf Götter. Damit waren wohl die Olympischen gemeint, die wir nennen wollen.

Die zwölf Olympischen

Zeus: der Herrscher der Götter und Menschen, der Blitzeschleuderer, der Donnernde. Heiliges Tier: der Adler (siehe Delphi), Seite 181 ff.

Hera: Schwester und Ehefrau des Zeus. Verantwortlich für alle weiblichen Belange.

Poseidon: Gott des Meeres, aber auch Erderschütterer (verantwortlich für Erdbeben) genannt. Bruder des Zeus.

Aphrodite: die Schaumgeborene, die das Lachen (und mehr) liebt. Gattin des Hephaistos. Göttin der Liebe.

Hephaistos: Gott des Feuers und der Schmiede. Sohn von Hera und Zeus.

Ares: Der Kriegsgott, der Unbezähmbare, der Städteplünderer. Geliebter der Aphrodite. Sohn von Zeus und Hera.

Athene: Kriegerische Weisheitsgöttin, als Gedanke des Zeus geboren. Schutzpatronin der Philosophen. Heiliges Tier: die Eule. Jungfräuliche Stadtgöttin von Athen.

Apollon: Gott des Lichts. Sohn des Zeus und der
Leto. Gott der Orakel, der Dichter wie der Musen. Auch des Todes.

Artemis: Zwillingsschwester des Apollon. Göttin der Jagd. Heilige Tiere: Hirsche und Bären.

Hestia: Jungfräuliche Göttin. Hüterin des Her-
des. Schwester von Zeus und damit von Demeter. Wurde wohl später für Demeter in den
Olymp aufgenommen.

Hermes: Sohn des Zeus. Geflügelter Götterbote
und Gott der Kaufleute und der Diebe. Gott
der Kommunikation.

Dionysos: Sohn des Zeus und der Semele. Gott
der Fruchtbarkeit und des Weines. Meist um-
geben von Satyrn, Silenen und Nymphen. Mit
ihm begannen die Theaterkunst in Athen und
die Festspiele der Dionysien.

Wenden wir uns nun am Rande des Stadtvier-
tels, das man die *Plaka* nennt, der römischen
Agora zu. Die Römer errichteten diesen Markt-
platz etwa im 1. Jahrhundert v. Chr. Hier wurde
überwiegend mit Öl und Getreide gehandelt.
Man sieht noch Reste der Säulenhallen.

Uns interessiert aber der berühmte achteckige
Turm im Osten des Marktplatzes. Jedem Reisenden wird er als eines der markantesten Wahrzei-
chen der Stadt geschildert. Aber er ist mehr. Er
verrät uns uraltes und über die Welt verbreitetes
Wissen. Der Name des Bauwerks: *Turm der
Winde.*

Er ist aus Marmor, zwölf Meter hoch und zeigt
die acht Windgötter, die über Nord-, Süd-, West-
und Ostwind sowie die Zwischenwinde – also
Nordost-, Nordwest-, Südost-, Südwestwind –
herrschen.

Zu den Hauptwinden: Der Gott des Nord-   **Eigenartig und**
winds (Boreas) ist in einen Mantel gekleidet,   **malerisch: Der**
denn von dort weht ein kalter Wind. Mit dem   **Turm der Winde**
Ostwind (Apeliotes) kommt die Sonne, damit
ein Gott, der Früchte und Getreide bringt. Der
Südwind (Notos) ist der Gott des Regenwassers,
das er über die Erde ausgießt. Bleibt der Westwind (Zephyros). Dieser Gott ist anmutig gestaltet, und er streut Blumen aus.

Die Zwischenwinde: Der Nordostwind wird
Kaikias genannt und leert seinen mit Hagelkör-
nern gefüllten Schild. Aus Nordost kommt das
Unwetter. Der Nordwestwind mit Namen Skiros
hält eine Vase in der Hand, in der die Blumen
(des Westwindes?) zu bewahren wären.

Südwest bläst der Gott Lips, mit einem Wrack
in der Hand, das im Wind aus der libyschen Wüste gestrandet sein kann. Bleibt der Südostwind
Euros, der nur in einen Mantel gehüllt scheint,
wie es Schiffbrüchige oft sind.

Der Turm wurde erbaut, um eine kunstvolle
Wasseruhr, eine Konstruktion des syrischen
Astronomen Andronikos, aufzunehmen. Seine
Windgötter erinnern aber an uraltes Wissen, das
besonders in China gepflegt wurde und erst spät
ins Abendland kam. Auch für die alten, weisen
Esoteriker und Astrologen waren und sind die
Himmelsrichtungen die wichtigsten Orientie-
rungshinweise. Die Chinesen gebrauchten für
das Wort Himmelsrichtung jedoch immer den
Namen *Großer Wind*.

Die vier Himmelsrichtungen waren also stets
die Vier Großen Winde. Mit der Zeit wurden
dann die sogenannten Zwischenwinde fast
gleichberechtigt, was sich besonders im I GING
niederschlägt.

Wichtig ist ferner die Zahl Acht, die Zahl der allesliebenden Venus (in Hellas Aphrodite), die aber über das Irdische hinaus liebt, sozusagen die Liebe des Himmels symbolisiert.

Die älteste Astrologie arbeitete nur mit jeweils acht Zeichen und Häusern. Das war damals der magische Ausgangspunkt. Er ist darin begründet, daß einst der Mond die oberste Gottheit darstellte. Und dieser Mond stand acht Monate hindurch entweder mit der Venus als Abendstern am Westhimmel zusammen, wo also der Mond geboren wurde, oder acht Monate mit der Venus als Morgenstern am Osthimmel zusammen, dort, wo der Mond stirbt.

Die »Acht« war das Allumfassende, ein Symbol auch der Lemniskate, die ja auch wie eine gezeichnete liegende Acht aussieht.

Es ist nun sicher recht reizvoll, einmal die Winde des Turmes in Athen mit denen des uralten I GING (das älter ist als der Turm) zu vergleichen.

Griechische Mythologie und chinesisches I GING

Der kalte Nordwind ist gleich Kan, damit gleich Saturn (Kronos).

Der die Sonne gebärende Ostwind ist gleich Dschen, damit gleich Mars (Ares).

Der Südwind, der das befruchtende Regenwasser bringt, ist gleich Li, damit Jupiter (Zeus).

Der Westwind, der das Liebliche symbolisiert, ist gleich Dui, damit Venus (Aphrodite).

Der Unwetter bringende Nordostwind ist Kaikias, damit gleich Gen, also Pluto (Hades).

Der Nordwestwind Skiros mit der Vase ist Kien, gleich Uranus (Ouranos).

Aus Südwest bläst Lips, der Schiffsunglücke bewirken kann, das wäre Kun, also Neptun (Poseidon).

Links:
Der Turm der acht Winde

Euros schließlich, der Wind aus Südost, der Reisende zu retten vermag, ist Sun, gleich Merkur (Hermes).

Insgesamt eine überraschende Übereinstimmung, die wir hier bemerken, so daß von einer esoterischen, magischen Beziehung gesprochen werden kann.

Manche sehen in diesem Turm auch noch andere – etwa astrologische – Entsprechungen, zumal unter den Reliefs Reste von Sonnenuhren zu entdecken sind.

Langsam verlassen wir nun die untere Stadt und bewegen uns in Richtung Akropolis. Vorher halten wir jedoch noch bei dem kleinen glatten Areopagfelsen an. (Vorsicht, nur mit rutschsicherem Schuhwerk betreten!)

Der Name soll mit dem Gott Ares (Hügel des Ares) zusammenhängen, der sich hier wegen Blutfrevels vor den anderen Göttern rechtfertigen mußte (Ares hieß bei den Römern Mars).

Ares, wilder Gott und Geliebter der Aphrodite

Ares galt in der griechischen Mythologie vorwiegend als wilde Gottheit, die sich beispielsweise in einen Eber verwandelte, um den schönen Jüngling Adonis mit seinen Hauern zu töten, nachdem er gehört hatte, daß seine Geliebte Aphrodite von Adonis sehr angetan war.

Da die Griechen kein sehr kriegerisches Volk waren, spielte Ares bei ihnen nicht die große Rolle, wie sie etwa Mars bei den kämpferischen Römern einnahm. Obwohl Ares ein legitimer Sohn von Zeus und Hera war, konnte er sich bei den anderen Göttern nicht sehr beliebt machen. Man nahm ihm übel, daß er Kriege ohne Sinn anzettelte, nur um des Kampfes willen.

Aber Ares war als zeugender Mann sehr tüchtig, er hatte viele Kinder. Eine der zahlreichen Mütter war Aglauros, eine halbgöttliche Heroine aus Athen. Ihre Tochter Alkippe wurde nun von Halirrothios, einem Sohn des Poseidon, begehrt und verfolgt.

Woraufhin Ares zur Waffe griff und diesen tötete. Wegen des Mordes nun wurde er vor das Gericht der Götter auf den Felsen Areopag zitiert. Allerdings mußte er freigesprochen werden, da es keine Zeugen gab, die ihn entlarven konnten. Aber der Mord machte Ares noch unbeliebter.

Da die Griechen immer dem Beispiel der Götter folgten, richteten sie hier auf dem Hügel des Areopag ihre Gerichtsstätte ein. Der Angeklagte saß – so berichtet es der alte Reiseschriftsteller Pausanias – auf einem Stein der Hybris, das bedeutet auf einem Stein des Frevels. Hybris heißt

Areopag: Gerichtsstätte der Götter und Menschen

soviel wie Vermessenheit, Selbstüberhebung –
besonders gegen die Götter –, kurz, Vermessen-
Die Rachegöttin-
heit und Übermut (wie auch die genaue Überset-
nen bestrafen
zung aus der griechischen Sprache lautet). Hy-
Vermessenheit
bris ist die Tragik anbahnende Selbstüberhe-
und Übermut
bung. Und diese Sünde holt jeden Menschen
ein, der sie begangen hat. Der Hybris kann keiner entkommen; wenn sie einmal einen Menschen gepackt hat, dann ist und wird er von ihr
geschlagen. Man erzählt sich, daß in einer Grotte
unter dem Hügel des Ares auch Rachegöttinnen
gehockt haben sollen. Zumindest soll ihnen hier
ein kleines Heiligtum errichtet worden sein,
denn die Rachegöttinnen, die Erinnyen oder Furien, wurden auch als Eumeniden, Wohltäterinnen, betrachtet, als Wohltäterinnen der Geschä-
digten und Geschändeten.

Erwähnt sei noch, daß auf dem Areopag viel
später der Apostel Paulus (um 50 n. Chr.) gepre-
digt haben soll, wobei er auch den damals tagen-
den Gerichtshof von dem unbekannten Gott, für
den er sich einsetzte, überzeugte. Man sieht, ein
einmal als magisch erkannter Ort zieht immer
wieder die Menschen an. Heute erinnert eine
Bronzetafel an den Apostel.

Jetzt umwandern wir den Hügel mit der Stadt
(Polis), die man Akropolis nennt – was wörtlich
»die Spitze der Stadt« heißt –, um noch kurz
wichtige Stätten der anderen Seite, der flachen
Stadt, zu besichtigen. Es sind nur noch drei Orte,
ehe wir aufsteigen.

Die ersten beiden liegen eng zusammen. Es
sind dies der Zeustempel und der Hadriansbo-
gen am östlichen Eingang zur Plaka. Das Hadrianstor, im 2. Jahrhundert nach der Zeitwende

Das Hadrianstor trennte die altgriechische Stadt von der römischen

errichtet, trennte die altgriechische Stadt von der römischen. Hadrian war ein römischer Kaiser, der aber viel Zuneigung für die Griechen und ihre Welt empfand. Aus dem Grund ließ er auch auf das Tor schreiben: »Dies ist die Stadt des Hadrian und nicht des Theseus.« Damit war der römische Teil gemeint, der sich östlich vom Tor ausdehnte. Auf der anderen Seite konnte man lesen: »Das Athen des Theseus – die alte Stadt«, die heutige Plaka.

Auf der römischen Seite finden wir das Olympieion, einen Tempel, der dem olympischen Zeus geweiht war. Er war so groß konzipiert, daß ihn Aristoteles von den Ausmaßen her sogar mit den Pyramiden gleichsetzte.

Da wir uns jedoch das große Thema Zeus für die Stadt Olympia aufheben, wenden wir uns nun wieder der griechischen Seite zu und betreten das kleine Theater des Dionysos unterhalb der Akropolis, das für uns viel interessanter ist.

Heute findet man unterhalb der Akropolis zwei Theater, von denen eines noch im Gebrauch steht. Hier ist alles perfekt: die Tribünen des Zuschauerraums sowie die großartige Kulisse hinter der Bühnenfläche, und doch interessiert uns dieses Odeion des Herodes Atticus kaum. Es handelt sich um einen typisch römischen Theaterbau. Links davon jedoch, rund 150 Meter davor (von der Stadt aus gesehen), liegt das im 2. Jahrhundert von König Eumenes II. von Pergemanon gestiftete Dionysostheater.

Das Dionysostheater – die Geburtsstätte des griechischen Dramas

Der Bau war nur ein Teil des heiligen Bezirkes, der dem Gott des Weines geweiht war. Es gehörten noch zwei Tempel und ein Altar dazu. Das Dionysostheater ist deswegen so wichtig, weil hier mit dem Dionysoskult die Geburt des antiken Schauspiels vollzogen wurde. Die Festspiele, die hier zu Ehren des Gottes stattfanden, nannten sich die Großen Dionysien, und der erste Spielleiter dieser Spiele war ein gewisser Thespis, an den heute noch der Name Thespiskarren erinnert (Wagen mit fahrendem Schauspielervolk).

Die Bühne wurde mehrmals verändert. Für uns interessant sind die Satyrn mit dem Ausdruck des Dionysos, die im Hintergrund stets mitzuspielen scheinen.

Wo die großen Dichter der Antike ihre Tragödien spielten

Hier fanden einst die Uraufführungen der großen Tragödien statt, und Dichter wie Euripides, Sophokles und Aischylos stellten sich hier ihrem Publikum vor. Den Abschluß bildete ein Satyrspiel, was ganz im Sinn des Dionysos gewesen sein muß.

Das Theater faßte ungefähr 16000 Zuschauer, wobei interessant sein mag, daß sich die Zuschauer ursprünglich einfach am Hang niederließen. Die Sitze wurden erst später geschaffen. Die Schauspieler – auch Frauenrollen wurden damals von Männern dargestellt – trugen alle Masken, durch die hindurch sie sprechen mußten. Dies hieß *personare*, davon leitet sich das Wort »Persona« ab, was in der Astrologie und Psychologie heute eine große Rolle spielt.

In Attika gibt es einen Ort namens Dionysos. Aus diesem Dorf kam der Landmann Ikarios, bei dem der Gott Dionysos einmal große Gastfreundschaft genoß, so daß er ihm als Dank die

Kunst der Weinherstellung zeigte. Aber nicht jede Göttergabe bringt Glück: Ikarios bewirtete seine Nachbarn damit. Die jedoch glaubten, er wolle sie vergiften, und schlugen ihn tot.

Die Mythen um Dionysos sind Grotesken. Als einen Sohn von Zeus und Semele haßte ihn Hera, die legitime Gemahlin des Zeus, und verfolgte ihn: So wurde er in Stücke gerissen oder (so liest man es auch) im Körper seiner Mutter verbrannt, dann jedoch aus dem Schenkel des Zeus wiedergeboren.

Nach zahlreichen Verfolgungen durch Hera wurde er dem Schutz der Nymphen anvertraut. Aber was für ein Abbild menschlicher Prägung! Dionysos, durch Widerstand geschärft, hatte nur die Verbreitung seiner Macht und seines Kults von Rausch- und Fruchtbarkeitsriten im Sinn. Schließlich kam er nach Theben, belauschte dort die Orgien der Thebanerinnen mit den »wilden Frauen« (Mainaden) und wurde von ihnen entdeckt und zerrissen. Es war seine eigene Mutter, die ihm in Raserei den Kopf abriß!

Die Abenteuer des Dionysos

Die Geschichte des Gottes liest sich wirklich wie ein Horrorroman. So wurde er auf der Fahrt nach Naxos von Piraten entführt und sollte als Sklave verkauft werden. Nun aber wehrte sich Dionysos und zauberte auf dem Schiffsdeck einen Weinstock hervor, der alles umrankte. Die Ruder wurden zu Schlangen, er selbst verwandelte sich in einen Löwen und ließ wilde Tiere das Schiff bevölkern.

Das Theatralische ist hier bestens zu erkennen! Die Piraten stürzten sich entsetzt ins Meer. Doch da rettete Dionysos den Steuermann... die Piraten verwandelten sich in Delphine und wurden zu freundlichen Begleitern des Menschen.

Tragödie und Satire in einem. Wegen dieser auch guten Taten wurde Dionysos schließlich doch in den Olymp aufgenommen, was auch seine Feindin Hera gestatten mußte.

Psychologisch symbolisiert Dionysos die Schattenwelt in uns, das Dunkle. Meist das, was wir wünschen, träumen und unterdrücken. Freigelassen wird das auf der Bühne der Welt, auf dem Theater des Lebens. Dionysos ist die Ergänzung des Apollon, da er die berauschende, aus der Tiefe geborene Vitalität symbolisiert. Seine Begleiter sind die Satyrn (die älteren heißen Silenen) mit ihren extrem betonten Sexualorganen. Keiner kommt daher an Dionysos vorbei, da eine animalische Urkraft in jedem lebt.

Für die Astrologen symbolisieren sich in der astrologischen Sonne Apollon und Dionysos in einem, wie auch in jedem Menschen der unbewußte Trieb steckt, dem anderen etwas vorzumachen.

Dies wurde während der Dionysien ausgelebt. Und das ist bis heute der Fall, wenn wir nur an den Karneval oder die Maskenbälle denken. Eine kleine Bosheit am Rande: Das Dionysostheater wurde bei Aufführungen des benachbarten Theaters Odeion des Herodes Atticus als Foyer benutzt. Ein Ort, an dem meist mehr Theater als auf einer Bühne gespielt wird.

So mag es auch kein Wunder sein, daß sich schon damals Dionysosmasken großer Beliebtheit erfreuten. Mit ihnen konnte man für Augenblicke ausdrücken, was man sich sonst nicht getraute. Wer jedoch vor die Götter tritt, der hat seine Masken abzunehmen, der hat sich zu zeigen, wie er ist.

In diesem Sinne sind wir nun auch richtig eingestellt, um zur Hochstadt, zur Akropolis, der Spitze der Stadt, aufzubrechen. Wer von dort herunter auf die flache Stadt schaut, der erkennt eindrucksvoll, wie schnell Menschen klein werden. Aber wie winzig müssen die Menschen erst erscheinen, wenn sie vom Olymp aus betrachtet werden!

Nahe den Göttern –
Athen, Akropolis

Athen ist nicht wie Rom oder manche andere Stadt auf sieben Hügeln erbaut. Im Gegenteil, die Stadt siedelte sich zwischen zwei Erhöhungen an. Die höchste Erhebung ist der 277 Meter hohe Lykabettos, wo wir heute eine dem heiligen Georg gewidmete Kapelle finden. Dieser Hügel eignete sich jedoch nicht, um hier eine kleine Stadt zu errichten, und war auch als Fluchtstätte ungeeignet, weil hier keine Süßwasserquellen zu finden waren.

Bleibt das 156 Meter über dem Meeresspiegel gelegene Felsplateau, auf dem eine Felsenstadt (wie man Akropolis auch übersetzen kann) errichtet wurde. Da der Tafelberg rund 300 Meter lang und 120 Meter breit ist, war immerhin eine Fläche von etwa 35000 Quadratmetern zu bebauen.

Kein Wunder, daß um diese beherrschende Felsenstadt manch harter Kampf ausgefochten wurde. Man denke nur daran, daß die Türken einst im Haupttempel, dem Parthenon, eine Moschee errichteten.

Aber nicht nur die Menschen kämpften um das Heiligtum, sondern auch die Götter. Hinter deren Auseinandersetzungen verbergen sich – so ist zu vermuten – auch historische Ereignisse. Etwa beim Kampf zwischen Athene und Poseidon um die Akropolis. Der Hintergrund: Eine

Die Götter kämpfen um Athen

Kampf zwischen Poseidon und Athene um die Stadtherrschaft von Athen

fremde Seefahrernation, die nach Athen eingedrungen war und die Athener bedrängte, unterlag beim Kampf um den alles beherrschenden Felsen, der von der Landbevölkerung gewonnen wurde. Die Mythen berichten dagegen, daß Poseidon als Gott der Gewässer Anspruch auf den Felsen erhob, weil hier Quellen Trinkwasser spendeten, wenn sie auch recht dürftig flossen.

Athene als Gedanke des Zeus (in voller Rüstung seinem Kopf entsprungen) wehrte sich jedoch heftig gegen den Anspruch des Meeresgottes. Sie war jungfräulich und kämpferisch zugleich. Der Zwist wurde nicht entschieden, so daß Poseidon und Athene im Einverständnis mit den anderen Göttern einen Schiedsrichter suchten. Dieser war ein Halbgott, der Urkönig (zusammen mit Erechtheus) von Athen, Kekrops, ein Sohn der Ur-Erdgöttin Gaia.

Kekrops fragte nun, was Poseidon oder Athene denn den Bewohnern der Stadt zu bieten hätten. Da ergriff Poseidon seinen gewaltigen Dreizack und schlug einen großen Spalt in den Fels, aus dem nun Wasser sprudelte. Aber es war Salzwasser. Damit war auch erwiesen, daß die anderen Quellen nicht dem Poseidon zu verdanken waren. Der gewaltige Spalt im Felsen ist heute noch im Erechtheion zu sehen.

Athene ließ jedoch einen Olivenbaum wachsen, dessen Nachfolger auch am Erechtheion zu sehen ist. Dieser Baum wurde schließlich zum Symbol ganz Griechenlands.

Kekrops entschied sich für den Olivenbaum (damit im Grunde auch für die Tochter des Zeus), und so wurde der große Tempel allein der Athene geweiht, die damit die Herrschaft über den Felsen übernahm und so der Stadt ihren Namen gab.

Athene pflanzt den ersten Olivenbaum

Ihre heiligen Tiere wurden auf dem Felsen beherrschend. Unter der Stelle, da beim Erechtheion die Koren- oder Karyatidenhalle* zu sehen ist, soll die Schlange (Zeichen der Wiedergeburt) gehaust haben, die ihren Namen vom Halbgott Erechtheus erhielt, der als einer der vielen Stadtgötter ebenfalls hier seinen Tempel besaß.

Ihre heiligen Tiere, Schlange und Eule, werden auf der Akropolis heimisch

Das andere heilige Tier der Athene war die Eule, das Symbol für die geflügelte Weisheit. Der Volksmund wußte es wohl schon damals, daß man keine Eulen nach Athen bringen muß, denn dort ist die Weisheit längst zu Hause. Wer Eulen nach Athen trug, der tat Sinnloses oder Überflüssiges. Alte Schriften berichten, daß die Eulen tatsächlich auf der Akropolis gelebt haben sollen, denn ihr Geschrei habe manchen Athener um seine verdiente (?) Ruhe gebracht.

Es ist also gut, wenn der Besucher, nachdem er die Propyläen, die Eingangstore, durchschritten hat, sich zunächst dem Erechtheion zuwendet, um sich hier die mystischen Überlieferungen noch einmal zu vergegenwärtigen.

So unlogisch in den Mythen wie in der gesam-

* Karyatiden sind Säulen in Mädchengestalt

ten griechischen Götterwelt auch manches erscheinen mag, die innere Logik erscheint trotzdem wahr.

Die Athener mußten einst das Meer als feindlich betrachten, denn starke Fluten und Seebeben drohten das Land am Meer permanent zu zerstören. Vom Meer kamen die Fremden, die erst einmal als Feinde angesehen wurden; und die wohl erste (vor Rom) bedeutende Großstadt unseres europäischen Festlandes mußte mit Weisheit, Abwehr-, also Kampfbereitschaft, aber auch mit Nüchternheit und Strenge regiert werden. Zumal seit der Zeit der Demeter (in Eleusis) klar war, daß die Ernährung keine so einfache Sache war, wie sie uns heute erscheint. Zum Samenkorn der Demeter kam nun der Olivenbaum der Zeustochter Athene, der Athen auch handelspolitisch Unabhängigkeit und Macht verlieh. Heute noch sieht man bei der Fahrt durch Griechenland weite Strecken mit Olivenbäumen bepflanzt. Athene wurde auch Schutzherrin des Spinnens und Webens, wodurch den Frauen zu-

*Das Erechtheion –
berühmt durch die
6 Säulen in
Mädchengestalt*

sätzlich Lebensbedeutung und Aufgaben gegeben wurden.

Poseidon jedoch gab sich nicht so leicht geschlagen. Er hatte bemerkt, daß Hephaistos
Athene begehrte, und dieser verlangte auch den
Liebesdienst von Athene, da er ihr ja bei der Geburt geholfen hatte, als er den Kopf des Zeus
spaltete. Athene verweigerte sich ihm jedoch.
Poseidon redete nun Hephaistos ein, daß
Athene mit Gewalt genommen werden wolle. So
überfiel Hephaistos die jungfräuliche Göttin, die
sich ihm jedoch entziehen konnte. Doch der Sa-
men des Hephaistos fiel auf die ewig fruchtbare
Erde (Gaia), die jedoch Hephaistos' Kind nicht
wollte. Athene nahm sich dieses Wesens, eines
Schlangenmenschen, an, das in einem Korb gehalten werden mußte. Die Töchter des Halbgot-
tes Kekrops sollten diesen Korb hüten, aber ihre
Neugierde war stärker als das Gebot, den Korb ja
nicht zu öffnen! Als sie aber das Kind sahen, er-
faßte sie solches Entsetzen, daß sie von der Burg
hinab ins Meer sprangen.

Gerade in diesem Moment flog Athene mit einem riesigen Felsen heran, mit dem sie die Fe-
stungsanlage der Akropolis verstärken wollte.
Unglücklicherweise trug ihr eine Krähe während
des Fluges die schlimme Botschaft zu. Erschrok-
ken ließ Athene den Felsen fallen. Heute ist es
der Hausberg der Athener – der Lykabettos!
Athene verbannte daraufhin die Krähen von der
Akropolis; die ehemals weißen Vögel wurden
zur Strafe in schwarze verwandelt, woran sie
noch heute als Unglücksbringer zu erkennen
sind. Das Kind im Korb wurde später König von
Athen und verbreitete den Ruhm der Göttin im
ganzen Land.

**Wie der Berg
Lykabettos ent-
stand**

Aus jeder der Mythen wird deutlich, wie sehr sich einst die Menschen bemühten, alles auf Erden zu verstehen: Wie die Erde entstanden ist, wie sich die Völker entwickelten, warum Tiere – hier Vögel – verschiedene Farben haben.

Es gibt zum Beispiel viele Hinweise, weshalb in Europa Schwarz die Farbe der Trauer ist. Eine Antwort darauf haben wir gegeben. An einem Ort wie der Akropolis oder auch anderswo werden diese Zusammenhänge klarer. Man kann sich zwar auch daheim in viele Mythen hineinlesen, aber richtig verstehen wird man sie nur am Ort des Geschehens.

Die verschiedenen Namen Athenes In der Mitte des Felsplateaus stand ein großes bronzenes Standbild der Athene Promachos.

Es mag zunächst unverständlich sein, daß sich der Beiname der Göttin immer wieder ändert, aber mit jedem Namen wird eine andere Eigenschaft ausgedrückt. So heißt der Tempel Parthenon wegen des Namens Athene Parthenon, also »jungfräuliche Athene«. Dies ist im weitesten Sinne zu verstehen. Wir begegnen ja diesem Namen auch in der jungfräulichen Maria der katholischen Kirche wieder. Dieses bauliche Kunstwerk der Antike wird in jedem Reiseführer hoch gelobt, und dies sicher mit Recht. Uns aber interessiert weniger der Baustil, die Leichtigkeit des Tempels, der ja einer der größten ist, die je in Griechenland erbaut wurden und der erhalten geblieben ist. Immerhin mißt er 74 mal 34 Meter.

Einst sah man außen am Heiligtum in den Metopen anschauliche Bilder der Mythenwelt dargestellt. (Metopen sind die Rechtecke im Tempelfries mit Reliefdarstellungen).

Die Metope des Ostgiebels etwa zeigte Athenes Geburt aus dem von Hephaistos gespaltenen

*Die kämpferische,
jungfräuliche Schutz-
göttin Athene*

Kopf des Zeus. Die Westseite berichtete bildlich
vom Kampf zwischen Poseidon und Athene. Einige Darstellungen sind noch im Museum auf
der Akropolis zu sehen.

Das Innere des Parthenon, das nicht mehr zugänglich ist, war der Raum der Göttin. Die Cella
(Hauptraum mit Kultbild) war jeweils aus-

schließlich den Gottheiten vorbehalten. Die Gläubigen versammelten sich (wie in Ägypten) nur vor dem Tempel. Die Athene, das Kultbild der Cella, soll von Phidias geschaffen worden sein, rund zwölf Meter hoch war die mit Gold und Elfenbein verzierte Holzstatue, die später nach Konstantinopel entführt und zerstört wurde.

Wer heute diesen Ort besucht, erlebt – trotz der unzähligen sich gegenseitig auf die Füße tretenden Besucher – eine idyllische Ruhe. Einst floß hier das Blut der geopferten Tiere. Der Altar für die Opferungen stand immer im Freien, wo auch gebetet wurde. Danach warteten nicht nur hungernde Menschen auf die Fleischreste, sondern auch viel Ungeziefer wie Fliegen machte den Aufenthalt nicht gerade erträglich.

Aber das störte nicht! Man war seiner angebeteten Gottheit nahe und versuchte, unter ihrem Schutz das Beste aus dem Leben zu machen. Athene war für alle da. So gab es hier auch ein Heiligtum für Athene Ergane, also für die Athene der Werktätigen. Als Athene Polias war die Tochter des Zeus die Schutzgöttin der Stadt.

Zum Schluß nähern wir uns dem zierlichen Niketempel, dem Heiligtum der flügellosen Siegesgöttin, damit diese Athen nie verlasse, nicht davonfliegen könne.

Die Siege der Griechen enden oft in Tragödien

Der Siegesgöttin war in Griechenland nie die Bedeutung beschieden, die etwa die entsprechende Göttin Viktoria in Rom hatte, da die Griechen sich nie so kriegerisch gaben wie die Römer. Siege der Griechen beinhalteten oft Tragödien.

Da ging Theseus, der Sohn des Aigeus, nach

Kreta, um die Insel von dem gewalttätigen mi-
noischen Stier zu befreien, der auch von Athen
junge, schöne Mädchen und Jünglinge als Opfer
verlangte. Theseus besiegte den Minotauros.
Dank dem Faden der Ariadne fand er danach
auch aus dem Labyrinth heraus. Dann segelte er
mit seinen Schiffen heim nach Athen. Er hatte
mit seinem Vater Aigeus verabredet, daß er im
Falle eines Sieges weiße Segel setzen würde. Un-
terwegs kamen die Schiffe jedoch in ein Unwetter, das die weißen Segel zerriß, so daß auf
schwarze Segel zurückgegriffen werden mußte
(eine andere Version besagt, daß Theseus im
Rausch seines Sieges vergaß, die weißen Segel
aufzuziehen). Die Tragödie nahm ihren Lauf,
denn König Aigeus, der seit Tagen auf das Her-
annahen der Boote gewartet hatte, sah die
schwarzen Segel, meinte, daß sein Sohn in Kreta
umgekommen war, und stürzte sich von der
Stelle, wo wir heute den Niketempel sehen, hin-
unter ins Meer, das seitdem seinen Namen trägt:
Ägäis. So symbolisiert dieser Tempel die Tragödie eines jeden Sieges. Die Geschichte hat bis in
unsere Tage gezeigt, wie wahr eine solche Erkenntnis letztlich ist.

Der Tempel selbst – jeder Besucher sieht ihn
schon, bevor er die Akropolis besteigt – wurde
auf einem Felsturm (Pyrgos) errichtet und wirkt
dadurch um so zierlicher. Böse Stimmen oder
wissende Ironiker der Geschichte meinen, man
sehe förmlich, wie zerbrechlich ein Sieg letztend-
lich einzuschätzen ist.

So sind die Mythen auch als Allegorien zu ver-
stehen, da ihre meist einfachen Geschichten tiefe
Erkenntnisse offenbaren. Das wird einem in
Griechenland ganz besonders vor Augen ge-

führt. So wurde den Menschen von Anfang an auch deutlich gemacht, daß das Leben Aufgaben beinhaltet, daß es nicht nur ein Dahinvegetieren sein darf.

Götter wie Halbgötter (Heroen) oder Fürsten und Könige standen als Beispiele, die für jeden gelten. Und dies macht die Orte so heilig, weil von hier durch die Verdichtung der Mythen auf einen Platz eine magische Kraft spürbar wird, die über Jahrtausende hindurch bis in die heutige Zeit wirkt.

Überall in Griechenland finden wir Tempel des Zeus, des Apollon oder der Athene (so zum Beispiel in Delphi). Aber immer geht es um das Prinzip der Gottheit. Wir sollten zwar versuchen, möglichst viele Tempel zu sehen, aber es ist nicht notwendig, den tieferen Sinn eines jeden Heiligtums zu erläutern. Die Aufgaben und die Botschaften der Götter, vermittelt durch die Mythen, bleiben jeweils gleich.

Athene hat uns in Delphi nichts anderes zu sagen als in Athen, Zeus in Athen nichts anderes als in Olympia. Daher können auch wir uns mit unseren Erläuterungen auf die Haupttempel beschränken.

Der nächste für uns wichtige Tempel liegt südlich von Athen, er mag einst bei klarer Luft und gutem Licht von der Akropolis aus gesehen worden sein, zumindest ist er zur gleichen Zeit wie der Parthenon erbaut worden. Es ist der Tempel des Poseidon am Kap Sounion.

Wo die Sonne zum Poseidon geht – Kap Sounion

Den Verlust Athens konnte Poseidon nicht so leicht verschmerzen, so ließ er also seine Wasser gegen das Land wüten. Den Athenern wurde klar, daß sie etwas für die Versöhnung tun mußten. Also beschlossen sie, mit den Bürgern Attikas dem Gott des Meeres einen großen Tempel zu bauen.

Andererseits durfte aber auch Athene nicht verärgert werden. Die salomonische Lösung war, Poseidon einen prachtvollen, marmornen Tempel direkt am Meer zu errichten, aber nicht weit entfernt unterhalb dieses Tempels ein Heiligtum für Athene zu erbauen.

Zumindest ist diese Überlegung denkbar, denn die Athener benötigten Poseidon für ihre Schiffahrt, aber auch, damit er den Barbaren (wie die Perser damals genannt wurden) Unheil bringen möge, wenn sie über See mit kriegerischen Absichten nach Griechenland und damit nach Europa vordringen wollten.

So wurde ein Ort für den Tempel gewählt, der auch strategisch von Vorteil war. Es gab keine bessere Wahl als Kap Sounion an der Südküste Attikas. Hier war man Poseidon nahe, konnte alle Schiffswege von und nach Athen kontrollieren und schon sehr früh erkennen, ob sich eine Flotte Attika in feindlicher Absicht näherte.

In den Höhlen der Bucht unterhalb waren

Stategisch wichtige Plätze für den Bau von Tempeln

Schiffe und Ruderer versteckt, die von dort aus beste Sicht auf das Meer hatten. Zudem bot sich eine auch von der Schönheit her so exponierte Lage als heiliger Ort der Götter geradezu an.

Auch heute noch scheinen wahre Touristenströme von diesem Ort magisch angezogen zu werden, weil – angeblich – nirgends die Sonne so schön im Meer untergeht wie gerade beim Poseidontempel. Das Versinken der Sonne in das Reich Poseidons hatte stets und auf der ganzen Welt eine magische Ausstrahlung, die hier scheinbar ganz besonders anziehend ist.

Dabei kann von Kap Sounion aus auch ebensogut beobachtet werden, wie die Sonne morgens wieder aus dem Reich des Poseidon heraufsteigt, denn der Blick nach Osten ist genauso frei wie die Sicht nach Westen. Man sollte beides erleben: sowohl Sonnenunter- als auch Sonnenaufgang.

Hierher kamen auch die Götter immer wieder zurück. Indem er Menelaos' Steuermann niederstreckte, erzwang Apollon zum Beispiel, daß der König von Sparta hier seine Reise vom Peleponnes her unterbrechen mußte. Auch sonst galt bei den Seeleuten die Regel: Kehrst du heim und bist du gut um das Kap Sounion herumgesegelt oder gerudert, dann wird dich die Heimat mit Freuden erwarten. Umgekehrt mußte man bei einer Ausfahrt den Poseidontempel ohne Schwierigkeiten umschifft haben, sollte die lange Reise günstig verlaufen.

Die Griechen waren meist wagemutige Seefahrer. So segelten sie nach Italien, nach Sizilien, und kolonisierten dort das Land. Und auch in Paestum errichteten sie einen Tempel, der dem Gott der Seefahrer geweiht war – also Poseidon.

Schon vor dem Bau des Poseidontempels am

Kap Sounion, dessen Reste wir noch sehen können, stand hier ein anderes Heiligtum, das von
den Persern zerstört wurde. Die Menschen wurden und werden über Jahrtausende hinweg von
gewissen Orten magisch angezogen.

Der berühmte schöne
Ausblick auf das
Meer von
Kap Sounion

Poseidon war als Bruder von Zeus ein mächtiger Gott. Abbildungen zum Beispiel, die im Ar-
chäologischen Museum in Athen ausgestellt
sind, zeigen ihn in stattlicher Pracht. So stattlich,
daß man das Bronzestandbild, welches 1928 aus
dem Meer geborgen wurde, für eine Darstellung
des Zeus hielt.

Die Mythen berichten, daß Poseidon Zeus die

höchste Position in der Götterwelt des Olymps nicht gönnte; daher habe er sich seinem Bruder gegenüber öfter feindlich verhalten. Sicher ist, daß Poseidon mit Demeter in Zusammenhang gebracht wurde. Leider warb er gerade in der Zeit um die Erd- und Getreidegöttin, als diese nach ihrer Tochter suchte. Die Mythen erzählen, daß sie aus Furcht vor ihm die Gestalt einer Stute annahm und sich in einer Herde von Pferden versteckte. Poseidon kam jedoch dahinter und verwandelte sich nun seinerseits in einen Hengst. Aus dieser von Demeter höchst ungewollten Verbindung gingen eine Nymphe und ein wildes Pferd hervor.

Auch hier wird wieder deutlich, wie verschlungen die Gottheiten miteinander verbunden waren und wie sehr diese Muster denen der Menschen letztlich ähnelten. Die Verwandlung in ein Tier, besonders in einen Hengst, ist ja nicht äußerlich wörtlich zu nehmen. Sie zeigt animalische Eigenschaften an und auch den Trieb, die Erotik auszuleben. Der Hengst war stets ein Symbol für kraftvolle Sexualität. Bei den Römern war das Pendant für Poseidon Neptun, der noch heute in der Astrologie das Symbol für Animalität, aber auch für Täuschung darstellt. Beides jedoch kann – bewältigt – zur hellsichtigen Inspiration führen.

Poseidon – Liebhaber schöner Göttinnen und sterblicher Frauen

Poseidon war – wie Zeus – sehr auf weibliche Gottheiten und Menschenfrauen fixiert. So wie Hera unter den Seitensprüngen von Zeus litt, sah sich auch die Seegöttin Amphitrite den Eskapaden Poseidons ausgesetzt. Aber es waren wohl gerade diese ungöttlichen Eigenschaften, welche die beiden Brüder bei den Gläubigen so beliebt machten. Das Diesseits zu genießen, das setzte sich immer mehr durch, und da die Menschen die Götter nach ihrem Ebenbild schufen, ist es möglich, manche Verhaltensweisen der griechischen Männer zu erahnen (was im folgenden Kapitel noch etwas näher belegt wird). Aber auch das Verhalten der griechischen Frauen ist an den Göttinnen abzulesen: Amphitrite hatte keine Lust, Poseidon zu heiraten, sosehr dieser sie auch bedrängte. Sie suchte sich also ständig Verstecke im Meer. Ein Delphin aber verriet dem Meeresgott ihren Aufenthaltsort – vielleicht nicht ganz uneigennützig, denn sein Lohn war es, dafür als Sternbild am Firmament zu leuchten.

Kap Sounion – der Tempel des Poseidon

Später, als Ehefrau jedoch, rächte sich Amphitrite ziemlich grausam, wenn sie von einem Seitensprung ihres Mannes erfuhr, etwa dem mit Skylla, der Tochter der Hekate: Sie warf Zauberkräuter in das Wasser, in dem die schöne Tochter der Hekate badete. So wurde Skylla in ein Ungeheuer mit sechs Hundeköpfen verwandelt, das alle Seefahrer, die sich seiner Höhle (bei Messina auf Sizilien) näherten, in seinen Bann lockte und tötete. Wer Skylla entkam, wurde jedoch ein Opfer der Charybdis, eines Ungeheuers, das auf der anderen Seite der Meerenge hauste und ebenso gefräßig war. In der Tragödie gibt es kein Entrinnen.

Die allzu menschlichen Schwächen der Unsterblichen

Die Mythen geben keine moralischen Vorbilder, aber das ist auch nicht ihr Sinn. Die Gottheiten sind nirgendwo so menschlich wie in den griechischen Mythen und Religionen, was die Götter wiederum ungemein sympathisch macht.

Die Folgen dieses Verhaltens werden dann bei den Kindern sichtbar. Poseidon hatte viele Nachkommen, aber fast ausnahmslos waren sie mißlungen: voller Grobheit, fast Ungeheuer, und oft von kaum menschlicher Gestalt. Schon in den Mythen also vererben sich Unrecht und Gesetzlosigkeit wie eine ewige Krankheit in den Generationen fort. Ein gutes Beispiel ist der einäugige Riese Polyphemos. Er ist mit nur einem Auge geboren und kann damit nur einäugig und somit einseitig sehen: Er wird nie das rechte Maß finden und die äußere Helle nicht von der inneren Schattenwelt unterscheiden können. Zwar scheint er stark und kräftig, aber er ist jedem listigen Gegner von vornherein unterlegen. Verliert er das eine Auge, ist er dem Schicksal völlig blind ausgeliefert.

Hier spiegelt sich eine Moral, die mit einer Art
von bürgerlichem Gesetzbuch nicht zu vergleichen ist. Sie besagt, daß kein einziger seinem
Schicksal, das er selbst gestaltet, entfliehen
kann.

Natürlich hofften die Menschen einst, die Götter würden ihre Verfehlungen nicht sehen, aber
das erwies sich als ein Irrtum, denn wenn selbst
die Götter büßen müssen, dann doch wohl erst
recht die Menschen. Folglich stellte man sich gut
mit den Gottheiten. Bei Kap Sounion hatte das
wohl auch Erfolg, denn dort geschah kaum ein
nennenswertes Unglück oder eine überlieferte
Katastrophe.

Interessant ist, daß überall dort, wo ein Heiligtum für eine Göttin oder einen Gott errichtet
wurde, ganz in der Nähe auch eins für eine andere Gottheit entstand. Sollte etwa ein Gott auf
den anderen aufpassen?

Die Verlockungen der Aphrodite – Korinth

Wir verlassen jetzt Athen und Attika und wenden uns gen Osten, dem Peloponnes zu. An Eleusis vorbei überqueren wir nach einer guten Stunde Fahrtzeit den Kanal von Korinth, um schließlich nach Alt-Korinth zu kommen. Schon sind wir in einer viel kleineren, sogar kleinstädtischen Stadt und können uns zunächst nicht vorstellen, daß der David Korinth dem Goliath Athen oft die Stirn geboten hat. Athen und Korinth waren (oder schienen) häufig verfeindet, und dies lag, soll man den Legenden glauben, an der Liebesgöttin Aphrodite.

Aphrodite – an den Gestaden Zyperns aus dem Schaum des Meeres als Tochter des Ouranos geboren – wurde in Korinth hoch verehrt.

Korinth – Hochburg der Liebesgöttin

Vielleicht war dies bedingt durch die ausgleichende Sehnsucht der Menschen, denn der Gründung Korinths gingen ja schwere Belastungen voraus. Gegründet wurde die Stadt, die strategisch hervorragend liegt, von einem Gotteslästerer namens Sisyphos, der dazu verdammt war, einen Fels immer wieder den Berg hinaufzuwälzen, der dann jedoch stets wieder herunterrollte. Noch heute ist der Begriff Sisyphosarbeit – das heißt immer wieder etwas tun zu müssen, was sinnlos ist – verbreitet. Symbolisch ist aber damit gemeint, daß niemand je mit seiner Arbeit fertig wird, daß die Aufgabe immer wie-

der neu bewältigt werden muß. Wer soviel Leid als Erbe in sich trägt, der sehnt sich wohl danach, eine Göttin wie Aphrodite anzubeten.

Mit Aphrodite kam die Liebe, mit der Liebe die Tempelprostitution, mit dieser zogen die Hetären ein, die besonders die Männerwelt Athens herbeilockten. Kein Wunder, daß die jungfräuliche Athene mit so einem lockeren Treiben nicht einverstanden war.

Aber was sollte die Göttin anstellen? Die Versuchung wurde von den Göttern nicht nur erlaubt, sondern war auch erwünscht. Die Menschen sollten eben auf die Probe gestellt werden.

In Athen gab es bald das geflügelte Wort: »Nicht jedermann bekommt es, nach Korinth zu gehen.« Diesen Satz haben uns die Römer überliefert, die bestimmt das gleiche Schicksal gehabt haben wie die Männer von Athen, als sie in Griechenland lebten. Was besagt der Spruch? Nun, Männer, die dort hingingen, um Liebe zu erleben, kamen oft arm oder krank zurück. Nicht ohne Grund predigte hier später auch der Apostel Paulus voller Inbrunst für Moral und Keuschheit vor der Ehe. Seine strengen Briefe an die Korinther sind in der Bibel nachzulesen.

»Nicht jedermann bekommt es, nach Korinth zu gehen.«

Aber die Korinther waren auch aus anderen Gründen nicht sehr beliebt. Die Lage der Stadt war einfach zu beherrschend; alle Wege, die vom Westen nach Athen führten, verliefen über Korinth, wollte man nicht den zeitraubenden Umweg über den Isthmus von Korinth machen. So bot es sich an, daß die Korinther einen saftigen Wegezoll erhoben. Außerdem waren sie noch gute Händler, die ihren Vorteil stets zu nutzen wußten. Der Name Korinth kommt übrigens wirklich von den getrockneten Weinbeeren, die

Links:
Pan begehrt
Aphrodite

von hier aus ihre Reise in die ganze Welt antreten. Zudem beherbergte die Stadt tüchtige Handwerker, die beste Arbeiten lieferten. Intellektuell – wie man heute sagen würde – tat sich jedoch in Korinth recht wenig. Aber wer denkt schon gern, wenn an allen Ecken Liebe angeboten und praktiziert wird! Aphrodite auf allen Wegen, möchte man sagen.

Aphrodites verschwommene Herkunft

Ihre Herkunft ist unsicher. Homer meint, sie wäre die Tochter des Zeus, einige Mythen wiederum erzählen, sie sei aus den Geschlechtsteilen des Ouranos geboren, die nach dessen Entmannung durch Saturn ins Meer fielen und Schaum schlugen.

Das Heiligtum der Aphrodite lag 575 Meter hoch auf dem Gipfel von Akrokorinth – also auf der Spitze Korinths. Dieser Berg ist weithin sichtbar und beherrscht die Stadt. Aber der Tempel der Aphrodite war sicher nicht so mächtig wie die Reichtum und Gewinn bringende Burg der Korinther auf dem Hügel. Dafür lebte Aphrodite in den Herzen der Menschen, und ein schöneres Heiligtum dürfte für Götter kaum denkbar sein.

Heute existieren kaum noch Zeugnisse aus der griechischen Zeit Korinths, die Römer machten es dem Erdboden gleich. Auf dem Ausgrabungsgelände sieht man überwiegend römische Bauten, die jedoch auf griechischen Fundamenten stehen, wenn wir einmal von dem Apollontempel absehen. Aber dieses Heiligtum wurde wesentlich später als das der Aphrodite erschaffen.

Aphrodite ist in den Mythen, und sicher damit in den Seelen der Menschen, älter als Zeus, da sie ja direkt aus dem Kampf zwischen Ouranos und Kronos hervorgegangen ist (siehe Kapitel Olympia Seite 151 f.). Wer derart geboren wird:

aus dem Schaum, den die Geschlechtsteile des
Ouranos im Meer hochwirbelten, der hat für
Krieg und Härte sicher keinen Sinn – sollte man
meinen. Und doch, ihr Ehemann war der göttliche Schmied Hephaistos, und ihr Geliebter war
Ares, der Kriegsgott, den Aphrodite weniger be-
sänftigte, sondern im Gegenteil zu Kämpfen er-
munterte, ja anstiftete.

In manchen Mythen erscheint Aphrodite da-　**Die dunklen**
her auch als Männertöterin; und sie wurde sogar　**Seiten der**
zu den Furien gezählt, was aus Sicht ihrer Her-　**Liebesgöttin**
kunft verständlich erscheint. Ferner wird sie als
»die Schwarze« bezeichnet, ein Hinweis vielleicht auf die Tatsache, daß die Liebe eher im
Dunkeln geschieht. Ihr Begleiter war Eros, der
Liebespfeile verschoß, ihr zugehöriges Tier die
Taube, das Tier also, das am unbefangensten in
der Öffentlichkeit seinen Liebesbedürfnissen
nachkommt.

Beherrschend in den Mythen ist der Gürtel der
Aphrodite, eine mächtige Waffe, vor der auch
die Götter – selbst Zeus – zitterten.

Aber Zeus war doch der mächtigste. Er veran-
laßte, daß sich die Liebesgöttin in den Hirtenkö-
nig Anchises verliebte. Aphrodite – in der Gestalt einer einfachen Frau – verführte Anchises
und gebar ihm auch einen später berühmten
Sohn.

Da sich Anchises jedoch bei einem Trinkgelage
rühmte, mit Aphrodite geschlafen zu haben, geriet Zeus in furchtbaren Zorn und schleuderte
seinen Donnerkeil auf den Übermütigen. Nur
mit Hilfe ihres Gürtels, mit dem sie das tödliche
Geschoß etwas ablenkte, blieb ihr Geliebter am
Leben. Aber er war nicht der einzige! Aphrodite
gebar von mehreren Vätern noch viele Kinder, so

auch Priapos, »den mit den riesigen Geschlechtsteilen«. Allerdings soll nach einigen Quellen Hera hier einen Racheakt und eine Strafe vollzogen haben, da ihr die Lebensweise Aphrodites gar nicht gefiel.

Vielleicht hat man sogar den Korinthern die Verehrung Apollons aufgezwungen, der für die Griechen als hochmoralische Gottheit galt. In den Ausgrabungsstätten ragt sein Tempel heute noch imponierend heraus. Er ist einer der ältesten Heiligtümer. Aber Apollons Hauptheiligtum steht in Delphi, wohin wir erst am Ende unserer Reise gelangen werden.

Die Konkurrenz: Der schöne Tempel des Apollon Der Apollontempel in Korinth gilt als schönes Beispiel archaischer Kunst, und wer ihn etwas länger betrachtet, wird sich seinem Zauber kaum entziehen können.

Alle Heiligtümer und Tempel wurden stets an auserlesenen Plätzen errichtet. Für die Götter wurde das Beste vom Besten ausgewählt (wie übrigens überall auf unserem Planeten!). Die Griechen aber legten noch auf etwas anderes großen Wert: Dort, wo man den Göttern ein Heim bot, sollte fruchtbares Wasser vorhanden sein. Ganz auffällig ist dies in Athen und Delphi, aber auch in Korinth.

Alle heiligen Quellen besaßen Namen. Eine der Quellen in Korinth, deren Einfassungsreste gleich beim Eingang nahe dem Museum besichtigt werden können, ist nach der korinthischen Prinzessin Glauke benannt. Eine andere Quelle, die weit mehr Besucher anzieht, ist die Peirene-Quelle. Ursprünglich soll es zwei Quellen gegeben haben, eine hier, die andere hoch oben auf dem Akrokorinthos. Diese hatten die Korinther

dem geflügelten Roß der Götter, Pegasus, zu verdanken: Er hatte mit seinen Hufen an den Felsen
geschlagen, und klares Wasser war hervorge-
sprudelt.

*Der Apollotempel
von Korinth – magi-
scher Anziehungs-
punkt seit
Jahrtausenden*

Die untere Peirene-Quelle finden wir hinter römischen Bauten, wo man sie heute noch rau-
schen hören kann. Dazu gibt es eine schöne
Mythe: Peirene war eine Frau, die ihren Sohn
sehr liebte. Die Jagdgöttin Artemis aber, die

Schwester Apollons, tötete ihn versehentlich (angeblich! Aber wann machen Götter schon etwas versehentlich?!). In ihrem Schmerz flossen die Tränen der Peirene so unaufhörlich, daß daraus schließlich eine wasserspendende Quelle wurde. Auch hier das griechische Motiv, daß aus dem Leid, dem Tod, das Leben geboren wird.

Verlassen wir nun Palaia Korinthos, wie Alt-Korinth heißt, und wenden wir uns einem völlig neuen Gesichtspunkt der Mythen zu.

Der Wandel der Sonne – Nemea und die Arbeiten des Herakles

Von Korinth geht es zur Herzlandschaft der Peloponnes-Halbinsel, der Argolis. Es ist die Gegend um die Stadt Argos, von der den Besuchern heute nur die das Land beherrschende Burg sichtbar ein imponierendes Bild von der einstigen Macht widerspiegelt.

Wir wenden uns zunächst Nemea zu, einem kleinen Ort, nach dem die alle zwei Jahre stattfindenden *Nemeischen Festspiele* benannt wurden. Ein Kranz von wildem Sellerie schmückte die Sieger. Herakles, angeblich hier geboren, soll der Gründer der Spiele gewesen sein. Der Halbgott, Sohn des Zeus und der tugendhaften Alkmene, gehört zu den Heroen der griechischen Mythen. Herakles wird oft als Superheld beschrieben, der nur dank seiner Muskelkräfte seine Siege errungen hat. Das ist mit Sicherheit falsch. Im Gegenteil, Herakles war verhältnismäßig klein (sechs Fuß hoch) und wie ein durchschnittlicher Mann gewachsen. Seine Taten haben einen viel tieferen und esoterischen Hintergrund.

Hera verfolgte aus Wut über die wiederholten Seitensprünge ihres Gatten und Bruders Zeus Herakles von Geburt an mit unversöhnlicher Feindschaft. Zeus hatte sich der Alkmene in der Gestalt ihres Ehemannes genähert, um bei ihr liegen zu können. Der oberste Gott muß dieses Erlebnis so genossen haben, daß er Hermes, seinen Götterboten, anwies, dieser einen Nacht die Länge von drei Nächten zu geben. Das brachte den Zeitrhythmus der Sonne etwas durcheinander, was den Sonnengott Helios erboste. Aber welcher Gott konnte sich den Weisungen des Zeus widersetzen!

Ein Held wird geboren Zeus wollte Herakles als Herrscher über das Land Argolis einsetzen. Diesmal kam ihm aber Hera zuvor. Sie ließ ihn schwören, daß der Sohn Herrscher werden solle, der als erster mit dem Blut des Gottvaters geboren werde. Zeus war es recht. Das konnte nur Herakles sein! (Er hatte wohl im Moment Danae vergessen, die er kurz nach dem Seitensprung mit Alkmene in Gestalt des Goldregens verführt hatte, und die ihm auch einen Sohn – Eurysteus – schenkte.)

Hera verzögerte jedoch die Geburt von Herakles, so daß Eurysteus zuerst zur Welt kam und Herrscher über Argolis wurde. Zudem legte Hera Herakles zwei Schlangen in die Wiege, die ihn erwürgen sollten. Aber Herakles griff mit der linken die eine, mit der rechten Hand die andere Schlange und tötete sie mit lautem Lachen und voller Freude über seine Stärke. Als Jüngling ließ er sich von den besten Lehrmeistern ausbilden. Er lernte von Castor und Pollux die Kriegführung, von Apollon das Bogenschießen, von einem Sohn Apollons das Boxen. Aber auch in der Philosophie und in der Literatur wie auch in der *Astronomie* ließ sich Herakles ausbilden.

Danach suchte er das Orakel von Delphi auf, um seinen Lebensweg zu erfahren. Das Orakel antwortete, Herakles solle in die Dienste seines Stiefbruders Eurysteus treten (Hera hatte da sicher ihre Hand im Spiel). Der Heros verdingte

An dieser Stelle kämpfte der Halbgott Herakles mit dem nemeïschen Löwen

sich also bei Eurysteus, aber es gefiel ihm dort nicht, so daß er seinen Dienst alsbald quittieren wollte. Als Bedingung nannte Eurysteus (sicher auf Geheiß von Hera) zwölf Aufgaben, die Herakles erfüllen sollte, um frei zu sein.

Soweit im Grundriß die aus vielen Quellen stammenden und oft sehr unterschiedlichen Legenden des Herakles-Mythos, der aber mit dem Leben auf der Erde nichts zu tun hat! Um den esoterischen Sinn zu verstehen, müssen wir zum Himmel schauen. Hera war stets das Symbol für den Vollmond. Aber der Vollmond leuchtet nicht wie die Sonne ewig strahlend am Himmel, sondern er wandelt sich zur sterbenden (abnehmenden) Mondsichel, die am Osthimmel in den Strahlen der Sonne während der Morgenfrühe stirbt, bis eine neue Mondsichel (nachdem der Mond in Konjunktion mit der Sonne an dieser vorbeigezogen ist) dann im Westen am dritten Tag danach am Abendhimmel wiederaufersteht.

Das heißt, der Mond stirbt in den Strahlen der Sonne und steht aus den Strahlen der Sonne wieder auf. Da der Mond dabei jedesmal eine Sichelform hat, die als Schlange des Himmels gesehen wurde, vervollkommnet sich das Bild.

Während Hera den Mond symbolisiert, versinnbildlicht Herakles die Sonne. Jetzt wird das Bild der zwei Schlangen in der Wiege des Herakles klar. Dies sind die beiden Mondsicheln, die abnehmende, sterbende wie die zunehmende, auferstandene. Die Sichel *vor* der Sonne und diejenige *nach* der Sonne.

Die Sonne bewirkt, daß es die beiden Sicheln am Himmel (oder die Schlangen am Firmament) überhaupt gibt! Folglich ist es für das Symbol der Sonne (Herakles in der Wiege) nicht schwer, die zwei Schlangen zu besiegen. Die Ägypter kannten ein ähnliches Bild. Da gab es den Apis-Stier, durch dessen Hörner (die beiden Mondsicheln) die Sonne hindurchgehen mußte.

Heinrich Schliemann fand in Mykene Darstellungen der Hera mit zwei Hörnern am Kopf – das gleiche Symbol!

Die Sonne geht auf, wenn die abnehmende

Mondsichel am Morgenhimmel stirbt, sie versinkt, wenn die zunehmende Mondsichel am Abendhimmel geboren wird. Damit ist Herakles das Symbol für die Sonne, somit spielen sich auch seine Arbeiten am Himmel ab.

Der Umlauf des Mondes teilt den Jahressonnenweg in zwölf Abschnitte, da zwölf Umläufe des Mondes einem Jahresweg der Sonne entsprechen. Die Alten identifizierten die Abschnitte dieses Jahresweges mit zwölf Sternbildern, was nichts mit der Astrologie zu tun hat.

Sonne und Mond – astronomisch betrachtet

Wichtig war ihnen, vor welchem Sternbild (nicht Tierkreiszeichen der Astrologie!) die Sonne zur Frühjahrs-Tagundnachtgleiche aufgeht. Dieses Sternbild war kulturell sehr wichtig und bestimmte die Zeitalter, also das Zeitalter der Zwillinge, des Stieres, des Widders, der Fische und des Wassermanns.

An der obigen Aufzählung erkennt man, daß sich die Abfolge dieser Zeitalter entgegengesetzt zu unserem astrologischen Tierkreis vollzieht. Aber woher kommt dies überhaupt?

Nun, der Himmel über uns bewegt sich auch als Ganzes: in 72 Jahren um ein Grad rückwärts. Das heißt, etwa alle 2160 Jahre erscheint am Morgenhimmel im Osten zur Frühjahrs-Tagundnachtgleiche ein neues Sternbild. Die Sonne wandelt sich, da sie einmal vor diesem, einmal vor jenem Sternbild an einem bestimmten Tag des Jahres aufgeht. Ist sie vor allen zwölf Sternbildern aufgegangen, dann ist ein großes Weltjahr vorbei, das ungefähr 25800 Jahre dauert. Technisch heißt dieser Vorgang Präzession, die Bewegung der Erde um den Pol der Ekliptik, als Folge der Gravitationswirkung von Sonne und Mond auf die Erde.

Die zwölf Aufgaben: Und diese Wanderung der Sonne durch die zwölf Sternbilder (gleich Zeitalter) spiegelt sich in den zwölf Arbeiten des Herakles wider, was wiederum die Aufgaben der Menschheit anzeigt. Diesen Gang der Sonne wollen wir nun nachvollziehen. Beginnen wir auf den Feldern um Nemea, wo Herakles geboren sein soll. Auch dies ist ein Zeichen, daß die zwölf Aufgaben (oder Arbeiten) des Herakles meist Kämpfe mit sich selbst sind.

Der Kampf mit dem Nemeïschen Löwen Sicher gab es um Nemea nie Löwen! Die erste Aufgabe, der Kampf mit dem Nemeischen Löwen, der 30 Tage dauerte (so lange steht die Sonne astrologisch gesehen im Tierkreisabschnitt Löwe), ist daher als Kampf mit sich selbst, mit dem innerlichen Löwen, anzusehen. Deswegen kann auch Herakles das Tier nicht mit der Keule besiegen, sondern nur mit seinen eigenen Händen. Dieses Wissen wie auch die Voraussicht hatte ihm der weise Kentaur* Cheiron beigebracht, bei dem Herakles auch in die Lehre ging. Die erste Aufgabe war also der Kampf mit dem Nemeischen Löwen, der als unbesiegbar galt, so wie die Dämonen in einem selbst meist die Oberhand (leider) behalten. Alle Waffen prallten von dem Löwen ab. Schließlich warf Herakles sie fort und griff den Löwen mit seinen Händen an. Jetzt konnte er ihn überwältigen. Dann nahm er dem Löwen das Fell ab und kleidete sich damit. Er hatte den inneren, dunklen Löwen überwunden, was ihm Kraft gab, die nach außen strahlte und ihn so gut wie unbesiegbar machte. Der Löwe ist sowohl Symbol des Stolzes als auch der Autorität, aber auch Sinnbild der Selbstüberschätzung. Nur derjenige, der

* Wesen, halb Pferd, halb Mensch

letztere besiegt, kann stolz und mit innerer Autorität auftreten. Einzig der vermag über sich hinauszuwachsen. Dabei helfen keine Waffen, da ist der ganze Mensch gefordert. Nun kann sich Herakles auf den weiteren Weg machen.

Die zweite Aufgabe, der Kampf mit der vielköpfigen, schlangenartigen Hydra, symbolisiert die Sonne vor dem Sternbild Krebs. Symbolisch spielt der Krebs bei dieser Arbeit mit, da er Herakles während des Kampfes mit der Hydra in die Ferse kneift, um ihn vom Weg des Sieges abzubringen. Herakles versucht – durch das Fell des Nemeischen Löwen so gut wie unverwundbar – die Hydra zu besiegen, indem er ihr einen Kopf nach dem anderen abschlägt, aus denen prompt zwei neue Köpfe nachwachsen.

Überwindung der vielköpfigen Hydra

Worum geht es hier? Der erste Kampf war der um das bewußte Verhalten; jetzt kommt das Unbewußte an die Reihe, das in uns wie eine Hydra lebt. Glauben wir einen Zipfel (Kopf) gelüftet, sind zwei neue Zipfel aufzuheben, um unsere Seele mit ihrem Erbe zu erkennen. Da jeder versucht, die Schatten in sich zu verdrängen, ist deren Annahme besonders schwer. Aber alles Verdrängte hindert uns, fest auf dem Boden zu stehen und das Leben zu meistern. Das wird durch den Biß des Krebses in die Ferse ausgedrückt. Das Verdrängte frißt sich in uns wie böse Unbilden hinein, so daß es sogar zu einer körperlichen Krankheit führen kann. Hier ficht also Herakles – stellvertretend für die Menschheit – einen Kampf gegen die Dämonen (alias schlechtes Gewissen) oder die bösen Gedanken in uns. Doch Kopfabschlagen genügt nicht. Die Dämonen wollen erkannt und angenommen werden.

Herakles besiegt die Hydra, aber nicht endgültig. Ihr unsterbliches Haupt begräbt er unter einem Stein; er kann also die Dämonen nur abdek-
ken und so bewältigen, er vermag sie nicht zu töten. Sie sind ein Teil von ihm (von uns).

Jagd auf die Kery- Die dritte Arbeit hieß, die Kerynitische Hirsch-
nitische Hirschkuh kuh zu bezwingen, was dem Symbol der Sonne
vor dem Sternbild Zwillinge gleichkommt. Hera-
kles jagte dieses Tier ein Jahr lang (einen Sonnen-
umlauf), um es zu ermüden und dann einzufangen. Hier geht es folglich bereits um das Denken,
die Überlegung, wie Situationen zu meistern
sind, um auch Blutvergießen zu vermeiden. Die
Hirschkuh war riesig und mit bronzenen Hufen
ausgestattet. Vier von diesen Hindinnen hatte
Artemis stets vor ihren Wagen gespannt. Die
Hindin – wie die Hirschkuh auch bezeichnet
wurde – besaß ein goldenes Geweih (die Sonne
wandelt im Zeichen Zwillinge zu ihrem Jahres-
höchststand), das hoch in den Himmel reichte.

Nach der Begegnung mit der Helligkeit (Löwe
mit der Herrschaft der Sonne) und der Dunkel-
heit (Krebs mit der Herrschaft des Mondes) muß
sich Herakles jetzt mit dem Verstand (Zwillinge
mit der Herrschaft des Merkur) auseinanderset-
zen, das Erfahrene mit diesem meistern.

Herakles will so den Menschen ihre Bestim-
mung mitteilen, nämlich auch Geduld zu üben,
den Sieg nicht nur mit Brachialgewalt erreichen
zu wollen. Das mag für die (Ur-)Menschen eine
kaum lösbare, daher völlig neue Aufgabe gewesen sein, ja ein Dualismus, der für sie die Welt
veränderte, wenn nicht gar auf den Kopf stellte.
Siege sind auch mit Geduld zu erringen, das ist
die Lehre dieser dritten Arbeit. Deswegen wird

Rechts:
Herakles kämpft mit
der vielköpfigen
Hydra

die Hirschkuh auch als Rentier bezeichnet, das jedoch – vor einen Wagen gespannt – die Fähigkeit hat, diesen zu ziehen. Das zeigt das Gespann der Artemis, denn nur fünf Hindinnen gab es auf der Erde überhaupt. Die nicht vor dem Wagen der Artemis mitlaufende Hirschkuh sollte jedoch auch einer nützlichen Aufgabe zugeführt werden, und sei es als Reservezugtier.

Das Einfangen des Erymanthischen Ebers

Die vierte Arbeit stellt die Jagd auf den gewaltigen Erymanthischen Eber dar, der die Felder Arkadiens verwüstete.

Die Erde zu nutzen und vor Schaden zu bewahren, darum geht es bei dieser Arbeit. Herakles hatte den Auftrag, die Bestie zu fangen. Auch hier ging der Held vorsichtig vor. Er trieb das Tier in die Höhen des Gebirges, wo es im Schnee hilfloser war als auf den fruchtbaren Feldern. So konnte Herakles es einfangen und seinem Herrn Eurysteus bringen. Dieser erschrak bei dem Anblick der Bestie über die Maßen und versuchte sich in Sicherheit zu bringen. Es muß komisch für Herakles gewesen sein, zu sehen, wie sich ein König in einen Vorratskrug flüchtet und dort versteckt. Doch vor der Fesselung des Ebers spielte sich eine wirkliche Tragödie ab. Herakles war bei den Kentauren, trank mit ihnen Wein, bis diese, völlig betrunken, schließlich Herakles angriffen. Der Lehrer von Herakles, Cheiron, hörte den Lärm, eilte herbei und wurde von einem der Pfeile, mit denen sich Herakles gegen die anderen Kentauren wehrte, getroffen. Da Herakles die Pfeile in das Blut der Hydra getaucht hatte, waren sie so giftig, daß keine von einem Pfeil geschlagene Wunde je heilte. Der verzweifelte Cheiron, der sich die Unsterblich-

keit verdient hatte, überließ diese Prometheus,
um von seinen Schmerzen erlöst zu werden.
Auch hier wieder das vorsichtig erzieherische
Moment dieser Mythe: Herakles hatte betrunken
gekämpft und dadurch schweren Schaden ange-
richtet. Im Rausch ist nicht gut handeln, was uns
auch die Sonne im Zeichen Stier lehrt.

Die fünfte Aufgabe des Herakles bestand darin, **Vertreibung der**
die Stymphalischen Vögel zu vertreiben, die dem **Stymphalischen**
Ares (Mars) geweiht waren, was dem Symbol der **Vögel**
Sonne vor dem Sternbild Widder gleichkommt.
Diese Kampfvögel hatten eherne Schnäbel und
Krallen und zudem messerscharfe Flügel. Ihre
Angriffslust war nicht zu bremsen, weshalb sie
auch als Menschenfresser bezeichnet wurden.
Die Vögel wären tiefenpsychologisch das Sym-
bol, alles haben und beherrschen zu wollen, wo-
bei es oft gar nicht um den Sinn einer Sache, ei-
ner Angelegenheit geht. Siegen und in die Höhe
steigen, das allein ist der Antrieb, der auch ein
Vehikel zur Macht ist, die von oben kommt, die
straft, rächt und sich nimmt, wonach gerade das
Verlangen steht.

Dies alles lebt ja auch (zum Glück nicht nur) in
jedem Menschen, und jeder hat – wie alle anderen Aufgaben – auch diese Arbeit des Herakles in
sich zu bewältigen.

Herakles konnte an die Stymphaliden, die in
einem Sumpf lebten (tief in uns also), nicht her-
ankommen. Wieder mußte er seinen Kopf, somit
eine List gebrauchen, denn in dem schlüpfrigen
Gelände konnte er sich nicht halten oder gar
kämpfen. Auf den Rat von Athene erkletterte er
einen Berg und inszenierte mit einer Klapper aus
Eisenblechen einen großen Lärm, der die Kampf-

vögel erschrecken und damit kopflos machen sollte.

Er hatte Erfolg: Die Stymphaliden flogen in Panik gen Osten, um sich auf der Insel ihres Herrn, Ares, niederzulassen. Doch bevor sie das rettende Eiland erreichten, schoß Herakles sie mit seinen Giftpfeilen vom Himmel herunter.

Das Ausmisten des Augiastalles Die sechste Arbeit bestand darin, die Ställe des Königs Augias in Elis auszumisten, was der Stellung der Sonne vor dem Sternbild Fische entspricht. Hier mußte sich Herakles auf ein Attribut Poseidons verlassen: auf das Wasser. Unmengen von Mist hatten sich angesammelt, und die Auftraggeber (Eurysteus und mit ihm stets Hera) waren davon überzeugt, daß diese Arbeit Herakles ein Leben lang beschäftigen würde.

Auch im Menschen sammelt sich mit den Jahren so viel innerer geistiger und seelischer Unrat an, daß eine Entmistung immer wieder nötig ist. Einsicht ist gut, aber ihr Konsequenzen nachfolgen zu lassen, ist besser. Wer dies nicht tut, der wird mit seinem Unrat sein Leben lang beschäftigt bleiben und damit seine Aufgaben kaum erfüllen können.

Doch der Himmel ist gnädig. Wer wirklich ausmisten will, um beim Beispiel unseres Helden zu bleiben, dem gelingt dies relativ schnell, denn der Himmel schickt die reinigenden Kräfte, wie eben auch das Wasser.

Herakles war seine Aufgabe so intelligent angegangen, daß er sie in einem Tag erledigte. Er sah sich um, erblickte den Fluß Alpheios, dessen Lauf er änderte, um so das Wasser durch die Ställe fließen zu lassen, wo es den aufgestauten Mist fortschwemmte. Das reinigende Wasser müssen wir im geistigen Sinn verstehen: Es ist auch der Glaube an die Selbstreinigung, von der alle Religionen sprechen. Es ist die Zeit des äußeren, aber auch des inneren Fastens, die uns hilft, wieder rein und damit gesund zu werden.

Das waren die Arbeiten, die auf dem Peloponnes zu bewältigen waren. Nun beschloß Eurysteus, Herakles weiter in die Ferne zu schicken, weil er meinte, dort wäre dieser hilfloser. Zunächst mußte unser Held nach Thrakien.

Ging es bisher also mehr um innere Vorgänge, steht nun die Aufgabenrichtung im Vordergrund.

Die siebte Aufgabe lautete, vier menschenfressende Stuten, die dem König Diomedes gehörten, einzufangen, was der Stellung der Sonne vor dem Sternbild Wassermann entspricht – ein Zeitalter, das praktisch vor der Tür steht.

Das Einfangen der menschenfressenden Stuten

Diomedes, ein Sohn des Ares, fütterte seine Stuten mit dem Fleisch der Fremden, derer er habhaft werden konnte. Die Stuten jedoch trampelten in Thrakien alles nieder, was ihnen in die Quere kam, sie duldeten keinen Widerstand und ließen sich nicht aufhalten. Hier geht es also um den Wunsch, völlig frei und ungebunden in der Welt zu leben, nur zu tun, was einem gefällt, keine Rücksicht auf andere nehmen zu müssen (ein Aussteigermotiv). Das eigene Ausleben allein bestimmt die Spielregeln. Nun gilt es, diese Ausreißer in uns zu bändigen.

Herakles gelang dies – aus den gesammelten Erfahrungen seiner bisherigen Arbeiten – recht leicht. Die Stuten waren schnell eingefangen. Das Problem war nur, wie er sie für immer bändigen sollte: Diomedes sah die Gefahr seiner Entmachtung, wenn ihm die Stuten entführt würden, so sammelte er seine Getreuen um sich, um Herakles nachzujagen.

Jetzt mußte Herakles gemäß einer Eingebung (Intuition) handeln. Er schnitt einen Kanal durch das Land, das daraufhin von Wassermassen (Wassermann) gefüllt wurde. Allein dem König Diomedes, der sein Land gut kannte, gelang es, sich zu retten. Er stellte Herakles zum Kampf, der nun doch zu seiner Keule greifen mußte. Er schlug den König und warf ihn seinen gierigen Stuten zum Fraß vor. Und, o Wunder, die Stuten wurden nach dem Verzehr ihres Königs so zahm, daß Herakles sie ohne Mühe weitertreiben konnte.

Wer sich also von der Herrschaft seiner egozentrischen Triebe lösen kann, wer den Machttrieb in sich beherrscht, wer Rücksicht und Nachsicht kennt, der kann – im Einvernehmen mit anderen – seinen Weg zum Nutzen aller gehen. Die Rösser in einem selbst müssen zu himmlischen Geschöpfen werden, sich zum Pegasus wandeln (einem Sternbild, das auch im großen Sternbild Wassermann steht), damit wir die eigene göttliche Schöpferkraft kennen und nutzen lernen.

Kampf mit dem Kretischen Stier Die achte Arbeit bestand darin, den wilden, starken Kretischen Stier in seine Schranken zu weisen, was der Stellung der Sonne vor dem Sternbild Steinbock entspricht (in der Astrologie sind ja die Zeichen Stier und Steinbock eng verwandt).

Es war der Stier, den Poseidon dem Meer hatte entsteigen lassen, um sich zu rächen. Das Untier, das Rauch und Feuer spie, verödete das

Land. Der verzweifelte König Minos bot Herakles seine Hilfe an, aber dieser wollte niemanden in Gefahr bringen und beschloß, den Kampf allein zu wagen.

Bei dieser Aufgabe geht es also um die Saat, die nicht vernichtet werden darf! Es handelt sich um die Grunderhaltung unserer Existenz! Im Abschnitt Steinbock steigt die Sonne wieder auf, wärmt die Erde, damit die spätere Saat gut gedeihen kann. Mit der Verwüstung durch den feuerspeienden Stier darf sich niemand abfinden. Fatalismus ist keine Hilfe, Mutlosigkeit kein Lebenselixier.

Herakles hatte das längst verstanden und fing den Stier ein, ohne ihn zu töten. Er brachte das in seinen Händen zahme Tier zu seinem Auftraggeber Eurysteus, der es jedoch auf der Stelle freiließ. Wollte er Herakles um den Lohn seiner Arbeit bringen? Vielleicht.

Aber auch der Stier hatte seine Lektion gelernt, nachdem er seinen Meister und Bezwinger, der ihn am Leben ließ, gefunden hatte. Es kommt also auf innere Festigkeit, ja Zähigkeit an, die jeder in sich entwickeln muß.

Die neunte Aufgabe hieß, den Gürtel der Amazonenkönigin Hippolyte zu holen (wer denkt da nicht an das Nibelungenlied!), was der Stellung der Sonne vor dem Sternbild Schütze entspricht (Amazonen wurden stets dem Tierkreiszeichen Schütze zugeordnet).

Eroberung des Gürtels der Hippolyte

Hippolyte regierte über ein kriegerisches Frauenvolk in der Nähe des Schwarzen Meeres. Den Gürtel hatte sie von Ares erhalten, zum Zeichen dafür, daß sie in seinen Augen die stärkste aller Frauen war und über ihnen stand. Der Gürtel

wurde so Ausdruck für die kämpferische Weiblichkeit (für jeden heute noch gut sichtbar, wenn
man modischen Gürtelschmuck betrachtet).

Aber ein Gürtel ist auch das Symbol für die
Einengung, so darf er nicht zum Leitbild für das
eigene Handeln werden, weil die Begrenzung
sonst so markant wird, daß der Blick über den
Tellerrand hinaus unterbleibt und sich somit der
Horizont zu sehr verengt.

Admete, die Tochter des Eurysteus, verlangte
nach diesem Gürtel. Auf dem Weg ins Land der
Amazonen wurde Herakles in manche Abenteuer und Kämpfe verwickelt. Die schnellsten
Wege sind oft die Umwege, dies war schon im alten Griechenland bekannt. Man kann mitunter
den Hindernissen ausweichen, wenn sie keine
Aufgabe darstellen. Diese Weisheit hatte aber
Herakles noch nicht gelernt. So kam er spät zu
Hippolyte, die er nun – nicht gerade ausgeruht –
überwältigen mußte. Es gelang ihm dann doch
noch mit großer Anstrengung; aber er tötete die
Amazonenkönigin nicht, sondern er führte sie
sogar nach dem Kampf zurück in ihr Reich.

Großzügig und gnädig zu Verlierern sein, das
ist eine weitere Lehre des Zeus, der ja (Jupiter) in
einer engen Verbindung zum Tierkreiszeichen
Schütze steht.

Der Gürtel ist übrigens wie auch der Ring ein
Symbol des Kosmos: Wer sich richtig gegürtet
hat, der ist richtig ins All eingebunden. Dann
verleiht der Gürtel eine Zauberkraft, die nur der
Himmel den Menschen schenken kann.

Es geht hier also darum, die eigene Mitte zu finden, sowohl für die Mächtigste eines kriegerischen Frauenvolkes als auch für den sich langsam
zum wahren Helden entwickelnden Herakles.

Die zehnte Arbeit schien sehr einfach zu sein: **Diebstahl**
Herakles sollte die Rinder des Geryon stehlen, **der Geryonschen**
was dem Symbol der Sonne vor dem Sternbild **Rinder**
Skorpion entspricht. Die Verbindung zum Skorpion wird erst verständlich, wenn wir erfahren,
daß Geryon im fernsten Westen wohnte – also
dort, wo die Sonne in die Unterwelt geht. Wandelt zudem die Sonne durch den Skorpionab-
schnitt, stirbt das Leben auf dieser Erde, es wird
Herbst, und Nebel deckt alles zu.

Geryon war ein Ungeheuer. Aus der Hüfte
wuchsen ihm drei Körper mit sechs Armen
und drei Köpfen. Ihm gehörten die herrlichsten
Rinder der Welt. Rinder zu besitzen bedeutete
damals, enorm reich zu sein. Hier ist der innere Reichtum gemeint, der jedem innewohnt,
an den man sich aber nicht herantraut, weil
man vorher in sein Inneres blicken, das heißt
sein Spiegelbild ertragen muß. Dieses Spiegelbild, das als Reflexion unserer eigenen Schattenwelt zu verstehen ist, sieht meist aus wie
ein Ungeheuer, denn der Mensch ist kein En-
gel. Jeder von uns zeigt sich vielgestaltig (wie
die dreigestaltige Hekate): mit verschiedenen
Ansichten (Köpfen) und vielen Bedürfnissen
(Arme).

Das heißt, unser Inneres ist zerrissen, und
mancher Mensch wird von seinen Bedürfnissen
hin- und hergerissen, will mehr als ein Leben
führen, will mehr haben, als er festhalten
kann, und oft scheint es, daß er nicht weiß,
was er tut, weil er eben mehreren Köpfen folgt
– mal diesem, mal jenem. So profan also zunächst diese Aufgabe aussah, so tief führt sie in
uns selbst.

Herakles reiste bis nach Gibraltar, wo er zwei

Säulen errichtete, als hätte er dort nun seinen Tempel gefunden. Aus Ärger über die Hitze schoß er dabei einen Pfeil auf die Sonne ab. Helios war mit Recht empört. Doch Herakles entschuldigte sich sofort. Daraufhin schenkte ihm Helios einen goldenen Becher, mit welchem er auf dem Meer weiterreiste.

Der Held war einsichtig geworden. Zwar fällt er wie jeder von uns in alte Fehler zurück, aber wer dies erkennt, dem helfen die Himmlischen.

Man muß hinsichtlich der Aufgaben des Herakles bedenken, daß die ganze Götterwelt bei deren Bewältigung zusah. Die Götter wußten, daß sich hier jemand gegen sich selbst bewähren mußte, daß zudem manche Gottheit – wie Hera – Herakles' Scheitern wünschte. Hera war so sehr gegen ihn eingestellt, daß sie sich sogar beim Kampf gegen Geryon auf dessen Seite beteiligte. Als Herakles es dann aber wagte, auch gegen sie einen Pfeil abzuschießen, ergriff sie die Flucht. Herakles durchbohrte darauf alle drei Köpfe des Geryon und machte ihn unschädlich. – Wenn es darauf ankommt, muß man also den Mut haben, sich selbst gegen Götter zu wenden.

Hier wird der Mut des Herakles, den er unbewußt aufbrachte, als er die beiden Schlangen erwürgte, die Hera ihm in die Wiege legte, nun bewußt eingesetzt. Zugleich hat beim Kampf um die inneren Reichtümer die Sonne (Herakles) den Mond (Hera) besiegt. Ein Bild des Himmels, wenn der Mond durch die Strahlen der Sonne für drei Nächte vom Himmel verschwindet. Ein Symbol vielleicht auch für die Ablösung des Matriarchats durch das Patriarchat, was gleichzusetzen wäre mit dem Wandel vom Mond zur Sonne als oberste Gottheit.

Die elfte Arbeit sah vor, daß Herakles in die Unterwelt abzusteigen habe, um den Höllenhund des Hades, den Kerberos, an die Oberwelt zu bringen, was der Stellung der Sonne vor dem Sternbild Waage entspricht.

Bezwingung des Höllenhundes Kerberos

Es mag verwunderlich erscheinen, daß diese Aufgabe mit dem Sternbild Waage oder dem gleichnamigen Tierkreisabschnitt in Zusammenhang gebracht wird. Aber mit dem Eintritt der Sonne in dieses Zeichen endet ihre Herrschaft (im Jahresrhythmus). Nun scheint der Vollmond in der Nacht länger als die Sonne am Tag, die dunklen Jahreszeiten wie Herbst und Winter brechen an.

Die Sonnenkinder – die Menschen – müssen sich auch im Herbst ihres Daseins damit anfreunden, daß sie nicht immer auf der Höhe des Lebens bleiben können. Doch die Wissenden sind ja überzeugt, daß sie nach ihrem Tod wieder aus der Unterwelt herauskommen werden, zumindest was ihre Seelen betrifft.

Allerdings muß dazu der Kerberos, der den Ausgang der Unterwelt bewacht, vom Tor entfernt werden.

Das bedeutet: Der Zweifel, ob mit dem irdischen Ende alles vorbei ist oder nicht, muß ausgeräumt sein – und zwar im Sinne des Weiterlebens nach dem Tod, in welcher Art und Weise auch immer. Es geht also um den Kampf um die Unsterblichkeit, der hier zu bestehen ist – damit um das Seelische schlechthin.

Hermes begleitete Herakles in die Unterwelt – wir haben uns also gedanklich mit dieser Welt auseinanderzusetzen. Dann mußte Herakles den Fährmann Charon, der mit seinem Boot die Toten zur Unterwelt bringt, überzeugen, ihn

auch als Lebenden überzusetzen. Das gelang
ihm, indem er Charon einschüchterte.

Nun stand Herakles dem Hades gegenüber,
der ihm schließlich gestattete, den Kerberos in
die Oberwelt mitzunehmen, wenn es ihm gelänge, seinen Höllenhund ohne Waffen zu besiegen.

Herakles drückte dem dreiköpfigen Hund
(wieder die Nähe zur dreigestaltigen Hekate) die
Kehle zu, während die Bisse des wütenden Ungeheuers ihm dank seines Löwenfells nichts an-
haben konnten. Athene half ihm dann mit dem
Hund auf verschlungenen Pfaden zurück an die
Oberwelt. Den Kerberos brachte Herakles zu Eurysteus, der aber entsetzt das dreiköpfige Tier
wieder der Unterwelt zurückgab.

Wer bekommt die goldenen Äpfel der Hesperiden? Die zwölfte und letzte Arbeit war, die begehrten
goldenen Äpfel der Hesperiden zu pflücken,
was der Sonne vor dem Sternbild Jungfrau
gleichkommt. Der Baum mit diesen von aller
Welt begehrten Früchten war ein Geschenk der
Erde an die Göttin Hera, die ihn von einem Drachen bewachen ließ, weil die Töchter des Atlas
(des Trägers der Welt), die Hesperiden, diese
Äpfel so gerne stahlen. Man kann diesen Baum
fast mit dem Baum im Garten Eden vergleichen.
Doch wo lag das Paradies?

Da konnten nur sehr alte Götter helfen, etwa
der archaische Meeresgott Nereus, der später in
Poseidon aufging. Herakles zwang Nereus, den
Vater der Nereiden, ihm den Weg zu diesem
Baum zu weisen.

Hier müssen wir einschalten, daß die Götter
des Meeres nicht nur über die irdischen Meere
befahlen, sondern auch den himmlischen Ozean

beherrschten. Und dort oben hingen die golde-
nen Früchte (Sterne). Wenn etwa der Mond als
Vollmond (Hera) inmitten der beiden Äste des
Lebensbaums (heute als Milchstraße bekannt)
leuchtet, dann steht die Sonne im Abschnitt
Jungfrau, dann ist Erntezeit.

Herakles tötete wieder durch einen Pfeil den
Drachen. Atlas jedoch bot sich an, die Äpfel für
Herakles zu pflücken, da er den Garten mit dem
Baum bestens kenne. Herakles war davon ange-
tan und lud sich das Himmelsgebäude auf.

Atlas holte die Äpfel und schlug vor – froh, das
Himmelsgewölbe endlich nicht mehr tragen zu
müssen –, daß er die Äpfel selbst zu Eurysteus
bringen könne. Herakles – so kurz vor dem Ziel –
schien nun doch geschlagen. Da half nur noch
eine List: Er mußte wie Hermes/Merkur (der
Herrscher des Jungfrauzeichens) mit Verstand
handeln! Er erklärte sich einverstanden und bat
Atlas, sich nur noch für einen Augenblick das
Himmelsgewölbe aufzuladen, damit er sich einen Kopfschutz aufsetzen könne. Atlas fiel darauf herein. Es heißt also, daß die Ernte des Lebens nicht kurz vor dem Erreichen durch Leicht-
sinn zu verspielen ist.

Der andere Sinn dieser letzten Arbeit war, sich
nach den Lichtern des Himmels zu richten, die
alles anzeigen, auch wann zu ernten ist, das
heißt sich an den Gottheiten zu orientieren, die
alle nicht nur im Himmel, sondern in uns woh-
nen.

Die Arbeiten des Herakles versinnbildlichen dies
ganz deutlich. Es wird wohl auch klargeworden
sein, daß sich hier Astronomie (Sternbilder) und
Astrologie (Zeichen oder Tierkreisabschnitte)

verwischen, als solle deutlich gemacht werden, daß diese zwölf Arbeiten uns im Hintergrund die Geburtsstunde der Astrologie verkünden. Zumindest lehren sie uns, die Sprache der Götter zu verstehen.

Zurück nach Nemea. In der kleinen, sehr gepflegten Ausgrabungsstätte ist nicht allzuviel zu sehen. Aber der Ort strahlt doch eine gewisse Kraft aus. Man kann sich den sagenhaften Kampf auf den Feldern in der Umgebung des Heiligtums recht gut vorstellen. Viele Einwohner meinen, daß es hier einst wirklich Löwen gegeben haben soll. Und wenn dem so wäre, dann war der Kampf des Herakles doch ein symbolischer. Wer es sich zeitlich leisten kann, sollte etwa in Mykene übernachten. Am späten Abend sollte er dann hierherkommen, wenn möglich mit einer Sternenkarte, um sich den Himmel genauer zu betrachten. Dann wird er spüren, wie sehr die Menschen vom Himmel gelernt haben. Gemeint ist selbstverständlich das antike Nemea; die heutige, moderne gleichnamige Kleinstadt liegt ungefähr fünf Kilometer weit entfernt.

Einst war Nemea nur ein heiliger Bezirk. Wir erinnern uns, Herakles stiftete die Nemeischen Spiele nach seinem Kampf mit dem Löwen. Als er aber alle Arbeiten siegreich bestanden hatte, widmete er diese Spiele dem Zeus, der hier besonders als regenspendender Donnergott verehrt wurde.

So finden wir auch hier die Reste eines Zeustempels. Es lohnt sich wirklich, ein wenig zu verweilen und die wiederaufgerichteten Säulen in Harmonie mit der friedlichen Landschaft zu betrachten. Selten gibt es einen heiligen Ort, an

dem man so allein und in aller Stille die Atmo-
sphäre eines griechischen Tempels aus dem
4. Jahrhundert v. Chr. spüren kann, denn hier
stört kein Tourist, kein Fotograf, kein Verkehrs-
lärm dringt herüber. So kann jeder seinem inneren Herakles nahe sein, um sich selbst besser als
bisher kennenzulernen. Wer mag, trinke dazu
einen guten (und berühmten) nemeischen Wein,
eine Verkaufsstelle ist ganz in der Nähe.

Vom Fluch der Atriden – Mykene

Unser nächstes Ziel ist Mykene. Der Ort ist auf vielen Wegen zu erreichen, und wir erleben ein kleines Wunder, denn die Burg (beziehungsweise ihre Reste) ist erst sehr spät zu sehen. Mykene versteckt sich sozusagen zwischen zwei Bergen und entzieht sich deswegen nahezu neugierigen Blicken. Steht man aber auf dem Burgberg, dann ist man überrascht von der sehr weiten Sicht, die sich einem nun in alle Himmelsrichtungen bietet.

Mykene wurde bekannt durch die Ausgrabungen Heinrich Schliemanns, der hier auf einen Goldschatz stieß, der nach dem Schatz des Tutenchamun und dem von Troja wohl der größte war, der je bei Ausgrabungen gefunden wurde. sind also in einem Ort angekommen, der Reichtümer beherbergte, was damals nur mit Macht verbunden sein konnte.

Mykene – Ort sagenhaften Reichtums

Und doch sind von hier nur Mord und andere schreckliche Verbrechen zu vermelden. Es ist der Ort, da der Fluch der Atriden bis zum bitteren Ende wirkte, der Ort einer verschlungenen Historie – verbunden mit mythischen Erfahrungen, die höchst kompliziert und verwirrend erscheinen, so daß sie nicht einfach zu erzählen sind.

Versuchen wir es trotzdem, denn lehrreich ist dieses wahre Gruselstück auch für die modernen Menschen unserer Zeit, deren Tragödien nach außen zwar kleiner, aber nach innen vielleicht sogar größer geworden sind.

Es begann alles mit einem Wagenrennen. Aber auch das Ereignis hat schon eine fast unappetitliche Vorgeschichte:

Woher kommen die »Tantalosqualen«?

Tantalos, angeblich auch ein Sohn des Zeus, der mit den Göttern trotz seiner vielen, grotesken Taten recht gut stand, hatte die Götter zu einem Festmahl geladen. Da er aber in letzter Minute feststellte, daß er zuwenig Vorräte in seinem Haus hatte, sich aber bei den Göttern durch ein üppiges Mahl beliebt machen wollte, tötete er seinen Sohn Pelops (nach dem später der Peloponnes benannt wurde) und setzte ihn den Göttern zum Mahl vor, in der Hoffnung, daß diese die Schandtat nicht bemerken würden.

Bis auf Demeter, die gerade um Persephone trauerte, bemerkten die Götter jedoch den Frevel, und Tantalos mußte im Tartaros* dafür büßen. Man hängte ihn über einen See; über ihm lockten Äste, voll mit schönsten Früchten. Wollte Tantalos nach dem Wasser oder nach den Früchten greifen, weil er unter Durst und Hunger litt, stiegen die Äste mit den Früchten in die Höhe, und der See versank in die Tiefe. Dies war die Warnung der Götter für das Kommende.

Die Olympischen setzten dann Pelops wieder zusammen. Und dieser begehrte Hippodameia, die Tochter des Königs Oinomaos. Da Oinomaos jedoch unter vielen Freiern wählen konnte, prüfte er sie auf Tod und Leben. Damit sind wir beim Wagenrennen.

Oinomaos hatte bestimmt, daß die Freier seine Tochter auf einem Wagen entführen sollten, aber der Vater jagte ihnen nach. Hatte er sie eingeholt, was immer gelang, durchbohrte er die Un-

* tiefe Erdhöhle, in die Missetäter verbannt wurden

glücklichen mit seinem Speer von hinten. Zwölf
Männer hatten so ihr Leben lassen müssen.
Doch Pelops wollte klüger sein. Er bestach den
königlichen Wagenlenker namens Myrtilos, am
Königswagen etwas so zu verändern, daß der
Herrscher während der rasenden Fahrt verun-
glücken mußte. Myrtilos, vom König Oinomaos
nicht gut behandelt und wild auf Reichtum, tat
dies, so daß der König tatsächlich ums Leben
kam.

Um aber für seine Untat keine Zeugen zu haben, ermordete Pelops Myrtilos. Damit begann
der Fluch der Atriden.

Unterbrechen wir hier einmal die Mythenchro-
nik und besichtigen wir die Burg Mykene, die
über die Stadt herrschte.

Der mythische Gründer Mykenes war Per- **Wie Mykene**
seus. Perseus heißt »der Zerstörer«. Er war ein **gegründet wurde**
Sohn von Zeus und Danae. Dem Vater der Da-
nae, Akrisios, war vorausgesagt worden, er
würde von seinem Enkel getötet werden, deswegen hielt er Danae in einem geschlossenen Raum
gefangen. Aber wer kann die Götter, wer kann
Zeus aufhalten, wenn die Lust ihn treibt?! Diesmal verwandelte er sich in einen Goldregen. Daraufhin setzte der König Danae und Perseus in einer Arche auf dem Meer aus. Der König von Seri-
phos, Polydektes, nahm die beiden auf und
wollte Danae heiraten. Diese weigerte sich, und
Perseus versprach Polydektes, ihm ein besonde- * Die zeitliche
res Hochzeitsgeschenk zu machen, wenn er Abfolge in den
seine Mutter nicht heiraten würde.* Der König Mythen ist nicht
willigte ein und forderte dafür das Haupt der für unser Kalender-
Gorgo, das Medusa gehörte. Mit Hilfe der maß gedacht.
Athene besiegte Perseus die Medusa und be- Perseus ist nun ein
                                                junger Mann.

freite seine Mutter aus der Gewalt des Polydektes. Er bestand zahlreiche Abenteuer und Heldentaten in fernen Ländern und tötete dabei unabsichtlich den Mann seiner Mutter, Akrisios, womit sich das Orakel doch erfüllte. Später gründete er Mykene und wurde ein großer König dieser Stadt.

Wozu diese Mythe von einem Gottessohn?

Wer nach Mykene kommt und die Burg sieht, wird als erstes über die Stärke der Mauern und ihrer gewaltigen Steine erstaunt sein. Das können Menschen nicht erschaffen haben, dies kann nur das Werk der Kyklopen – also das Werk von Riesen – gewesen sein! Danach stammt die Burg aus sehr, sehr alter Zeit. Nach Meinung der Griechen mußten es also Götter oder Titanen, Söhne von Göttern, gewesen sein, die solche gewaltigen Festungen schufen und so praktisch als Lehrmeister der Menschen auftraten.

In der Tat, wer sollte solche Bauten sonst errichtet haben? Die Mauern sind gewaltig, ein Stein – ohne jedes Bindemittel – paßt sich lückenlos dem anderen an; nur manchmal wurden verhältnismäßig kleine, die aber auch kein Mensch ohne die Hilfe eines Krans heben kann, in die Mauern (es sieht wie Reparaturarbeiten aus) eingefügt. Obwohl von der Burg nicht mehr soviel erhalten ist, hinterlassen die Mauern einen phantastischen Eindruck.

Den Besucher erwartet hier das berühmte Löwentor, das viele Spekulationen ausgelöst hat. Waren die Köpfe der Löwen einst aus Stein, waren sie aus Bronze?* Weswegen waren dort überhaupt Löwen angebracht, von wem und zu welchem Zweck? Alle Erklärungen befriedigen im

* Man erkennt zwar deutlich die löwenhaften Leiber, aber die Köpfe fehlen.

Landschaft um Mykene

Grunde nicht, da weder Löwen in der Burg gehalten noch als Wappentier geachtet wurden.

Es gibt jedoch eine Erläuterung, die uns wieder nur der Himmel geben kann: Der Löwe spielt
in der Mythologie wie in der Astrologie eine bedeutende Rolle, nämlich diejenige des Sonnen-
vertreters auf Erden. Er war – und ist es zum Teil
noch heute – das Tier der Sonne. Aber nicht nur
der Sonne des Tages, sondern auch der Sonne
der Nacht, womit der Vollmond gemeint ist.
Wollten sich also die Herrscher von Mykene mit

den Göttern des Himmels gut stellen, oder fühlten sie sich gar als deren Stellvertreter auf Erden wie einst die Pharaonen in Ägypten?

Das ist anzunehmen. Die mykenische Kultur datiert etwa von 2000 bis 1100 v. Chr. Von heute an gerechnet wäre sie folglich rund 4000 Jahre alt. Damals kämpften die Menschen wirklich um die nackte Existenz. Auch in Ägypten stellte man sich ganz unter den Schutz der Götter, denen man mit Großbauten, die für sie errichtet wurden, auf der Erde ein Heim geben wollte. Auch bei der Burg von Mykene gab es so ein Heiligtum. Auch hier wurde ein Platz ausgesucht, an dem eine Quelle Trinkwasser spendete – wie bei den meisten anderen Heiligtümern.

Seltsam muten die Schachtgräber an, die man hinter dem Löwentor heute noch besichtigen kann. Sie sind in Kreisform angelegt und befinden sich innerhalb der Mauern. Ursprünglich lagen sie jedoch wohl an der Außenmauer und kamen durch eine neue steinerne Umfassung in das Innere der Burg. Aber war dies nicht ein Zeichen dafür, zu den Göttern gehen zu wollen, wenn das Leben auf dieser Erde zu Ende war? **Der mykenische Goldschmuck – Symbol der Sonne** Schliemann grub Gräber aus und fand dabei den goldenen Schmuck, den die Toten trugen. Gold war die Farbe und das Edelmetall der Sonne, so kann es sein, daß sich die Fürsten mit Anlegen der Schmuckstücke auf die Sonnenwelt vorbereiteten.

Merkwürdig auch, daß die Schachtgräber in einem Kreis angelegt waren. In diesem Kreis der Königsgräber wurden 19 Skelette gefunden. Da auf Erden alles so geschehe wie im Himmel, wollte man vielleicht das Firmament nachahmen. Die oberste Gottheit am Himmel, die

Sonne, die jeden Tag im Westen stirbt, wenn sie untergeht, und dann durch die Finsternis rollt, um im Osten wiederaufzugehen, war das Vorbild. Warum sollten die Menschen, die längst der Überzeugung waren, daß alles »unten« so geschieht, wie es sich »oben« zeigt, sich nicht auch in einem Kreis niederlegen, um aufzuerstehen?

Die meisten Zeitgenossen der heutigen fortgeschrittenen Epoche mögen über solche Gedanken etwas von oben herab lächeln. Aber sie müßten sich vorher in die Gedanken der Menschen von vor 3500 bis 4000 Jahren hineinversetzen. Alles hing damals von der Gnade des Himmels ab, der das Wetter sandte und bestimmte, wann gesät und geerntet werden sollte. Die überkurze Lebenserwartung mag dazu beigetragen haben, daß das Leben eines Menschen nicht sehr hoch eingeschätzt wurde, und desto stärker war die Sehnsucht nach einem Weiterleben nach dem Tod oder die Hoffnung auf eine Wiedergeburt.

Das Denken damals war sehr, sehr einfach, aber in sich logisch. Da kahle Bäume wieder Leben zeigten, begaben sich viele Menschen zu den Bäumen und legten ihre Toten in die Zweige. Da oben am Firmament der Mond oft hinter einem Felsen, der Milchstraße (siehe Hekate, Seite 33) starb, wurden Menschen in Felsen zur letzten Ruhe gebettet, was später in der christlichen Religion seinen Ausdruck fand: Aus diesem Brauch entstanden die Katakomben, die heute noch besonders gut auf Malta zu besichtigen sind.

Heiligtum und Burg Mykene dürften also ein Sonnenheiligtum gewesen sein und waren infolgedessen den obersten – vielleicht sogar noch namenlosen – Gottheiten geweiht.

Als die Menschen dann individueller wurden, sprachen sie die Götter direkter an, und nach denen folgten dann deren Söhne, die Halbgötter. So wurde – und das ist noch Mythos – Perseus zum Gründer von Mykene.

Jetzt vereinen sich die beiden Gleise, die zum einen von Tantalos über Pelops und zum anderen von Perseus nach Mykene führen:

Perseus hatte zwei Söhne, denen er die Herrschaft über das Heiligtum und die Feste Mykene übergab. Pelops jedoch, der inzwischen über den ganzen Peloponnes regierte, hatte ebenfalls zwei Söhne, und diese beiden übernahmen von den Söhnen des Perseus Mykene. So war das Heiligtum – von den obersten Göttern ausgehend – in weltliche Hände übergegangen.

Wie wir göttliche Mythen verstehen sollen

Nun dürfen die göttlichen Mythen ja nicht so wörtlich genommen werden. Wenn Götter morden, jemanden bestrafen, quälen oder ihm sonst etwas antun, ist dies sinnbildlich zu verstehen.

Es sind Fabeln, Parabeln, Allegorien, nichts anderes, um den Menschen Beispiele zu geben, aus denen sie etwas zu lernen haben (nicht können).

Auch unsere Märchen dürfen ja keinesfalls verifiziert werden, und Kinder verstehen das auch sehr gut, wenn sie Märchen hören und damit ihren tieferen Sinn erfahren. Würden die Menschen Märchen, Sagen oder Mythen wörtlich nehmen und sich danach richten, käme dies ja einer Gotteslästerung gleich. Götter können alles wieder richten. Sie können geteilte Körper (wie Pelops, der ihnen zum Mahl vorgesetzt wurde) wieder zusammensetzen; Menschen sind dazu nicht in der Lage.

Das bedeutet: Götter brauchen im Grunde ihre

Taten nicht zu bedenken, sie müssen die schlimmen Folgen nicht fürchten, da sie alles ungesche-
hen machen können. Menschen* vermögen dies
nicht! Das ist der Unterschied, den uns Mykene
lehrt. Deswegen ist dieser Ort für uns heute noch
so wichtig. Vielleicht zieht Mykene deswegen so
viele Menschen an, ohne daß sie genau wissen,
warum.

Wenn Götter um einen Thron streiten (wie
etwa Athene und Poseidon), dann geht das Leben im wahrsten Sinne des Wortes auch für die
Beteiligten weiter. Ein Kampf unter Menschen,
der tödlich verläuft, ist aber unwiderruflich; er
beendet das Leben auf dieser Erde und ist daher
nie wiedergutzumachen, wird zur Tragödie und
– wie in diesem Fall – zum Fluch der Atriden.

Die beiden Söhne von Pelops, Atreus (nach dem **Der Fluch der**
der Fluch benannt ist) und Thyestes, waren **Atriden**
durch den Mord ihres Vaters an dem Wagenlenker belastet. Hier beginnt bereits, wie es später
die Dichter nannten, das Erbe bis ins siebte
Glied.

Beide Brüder wollten die Macht, griffen zum
Thron von Mykene, denn die Stadt war beherrschend, ihre Stellung führend in ganz Griechenland. Einen offenen Kampf scheuten sie. Das
Erbe ihres Vaters, lieber List zu gebrauchen,
lebte und wuchs immer stärker in ihnen.

Atreus ging zu Zeus, um dessen Hilfe zu erbitten. Zeus jedoch prüfte nur die Menschen, hielt
sie also nie ab von ihren Taten, und seien sie
noch so unheilvoll. So erfüllte er auch den
Wunsch des Atreus. Diesem hatte Thyestes versprochen, auf den Thron zu verzichten, wenn es * auch Heroen und
dem Bruder gelänge, die Sonne rückwärtsgehen Helden

1 Vollmond über dem Olymp. © Müller
2 Die Bergkette des Olymp. © Müller
3 Durch den Friedhof fließt der Bach, dessen Wasser neues Leben bringt.
4 Ruinen des Mysterientempels von Eleusis.
5 Eingang zur Unterwelt des Hades.
6 Tempel des Götterschmieds Hephaistos.
7 In diesem Wandelgang der Stoa traf sich ganz Athen.
8 Der Turm der Winde.
9 Der Tempel der jungfräulichen Athene auf der Akropolis.
10 Die Quelle, die Poseidon auf der Akropolis schlug.
11 Hier pflanzte Athene den ersten Olivenbaum.
12 Apollotempel in Korinth. © Müller
13 Apollotempel (Detail).
14 Ruinen der umliegenden Tempelanlage von Korinth.
15 Nemea: Kampfplatz des Herakles gegen den Löwen.
16 Das Raunen der unterirdischen Quelle ist heute noch zu hören (Korinth).
17 Blick von der Burg Mykene.

Abbildung 1

Abbildung 2

Abbildung 3

Abbildung 4, 5

Abbildung 6, 7

Abbildung 8

Abbildung 9

Abbildung 10

Abbildung 11

Abbildung 12

Abbildung 13, 14

Abbildung 15, 16

Abbildung 17

Abbildung 18

Abbildung 19, 20

Abbildung 21, 22

Abbildung 23

Abbildung 24

Abbildung 25

Abbildung 26, 27

Abbildung 28

Abbildung 29

Abbildung 30

Abbildung 31

Abbildung 32

18 Fluchtweg von Mykene, der zu einer Quelle führt.
19 Die rätselhaften Gräber von Mykene.
20 Gräber von Mykene (Detail).
21 Kyklopenmauer von Mykene.
22 In diesen Rundgängen von Epidaurus fanden die Patienten Heilung.
23 Der Gang zum Schatz- und Grabhaus des Atreus (Mykene).
24 Die Tholos von Delphi. © Müller
25 Der Eingang des Sportfeldes von Olympia.
26 An der Tholos von Delphi begann der Weg der Ratsuchenden.
27 Die Reste des Heratempels von Olympia.
28 Dämmerung über dem Tempel der Rachegöttin Nemesis. © Müller
29 Apollontempel von Delphi.
30 Gesamtansicht von Delphi.
31 Das große Theater von Epidauros. © Müller
32 Der heilige Hain von Olympia. © Müller

zu lassen. Atreus, der Hilfe des Göttervaters gewiß, lachte darüber und willigte ein.

Die Sonne ging aber – dank Zeus' Hilfe – tatsächlich für einen Tag rückwärts. Das war der Tag, da die Sonne im Westen auf und im Osten unterging. Thyestes mußte sich geschlagen bekennen, so daß Atreus auf den Thron steigen konnte.

Thyestes aber rächte sich heimlich und verführte die Frau seines Bruders. Atreus bemerkte dies, ohne jedoch etwas dazu zu sagen. Aber er wartete nur auf den Moment, da er sich seiner Macht sicher genug sein konnte, um seinen Bruder außer Landes zu treiben. Thyestes jedoch war darauf vorbereitet und entführte Pleisthenes, den kleinen Sohn von Atreus. Diesen lehrte er den Waffengebrauch, um ihn dann nach Mykene zu schicken, damit er Atreus, seinen Vater, töte. Erst beim Mordanschlag erkannten sich Vater und Sohn wieder und schworen nun ihrerseits böse Rache. Atreus tat so, als wolle er die Feindseligkeiten beenden, und lud seinen Bruder zu einem Festmahl ein. Bei diesem Gelage setzte er dann jedoch Thyestes seine eigenen drei Kinder zum Schmause vor. Als Thyestes wiederum diese Untat bemerkte, war es zu spät. So gebar eine böse Tat die andere. Der Fluch der Atriden sollte sich in der folgenden Generation fortsetzen.

Der Fluch der bösen Tat

Nachdem Thyestes nach dem Verzehr seiner Kinder seinen Bruder Atreus verflucht hatte, zeugte er mit dessen Tochter Pelopia einen Sohn, Äghistos, den Atreus an seinem Hof mit Liebe aufzog. Später allerdings sandte er diesen Sohn aus, um Thyestes zu töten. Der erkannte jedoch sein eigen Fleisch und Blut (hier wird die Blutsbindung schon sehr deutlich angesprochen), und schickte seinen Sohn zurück, um Atreus zu töten. Dies gelang, und damit eroberte sich Thyestes schließlich den Thron von Mykene.

Eine böse Tat wiederholt sich folglich mehrmals, wenn die Menschen nicht von sich aus Einhalt gebieten. Das Gebot der Blutrache scheint hier seine Geburtsstunde gehabt zu haben.

Die Geschichte spricht von der noch heute geltenden psychologischen Erkenntnis, daß die größte Gefahr für den Menschen darin liegt, immer wieder in die gleichen alten Fehler zurückzuverfallen. Das gilt sowohl allgemein als auch individuell für jeden von uns. Wer sich da ausnimmt, hat nichts gelernt. Einmal begangene Fehler werden immer wieder wiederholt: den anderen zu hintergehen, ihn mit seinen eigenen Waffen zu schlagen, die eigenen Nachkommen zu opfern oder verspeisen zu müssen und dergleichen mehr. Der Mensch findet schwer aus dem Labyrinth, das er sich selbst errichtet hat, heraus.

Das Prinzip der Rache und nicht das der Gerechtigkeit herrscht hier so stark vor, daß man – betrachtet man manche Vorgänge von heute – fast an die Ungerechtigkeit der Welt glauben möchte. Mindestens 3500 Jahre sind diese Erfahrungen alt, und noch immer hat der Mensch daraus nur wenige Konsequenzen gezogen. Dies schreit sozusagen nach Weisheit. Und da eine solche nicht von Menschen zu erwarten war, erhoffte man sie sich von der Göttin Athene, der man hier auch ein Heiligtum errichtete.

Dieser Tempel ist in seinen Umrissen noch erkennbar, er liegt (oder besser lag) auf dem höchsten Punkt des Berges. Man sollte den Tempel, der auf den Mauern eines sehr alten Heiligtums errichtet wurde, besichtigen. Hier – man hat einen wunderbaren Ausblick in alle Himmelsrichtungen – vermag man über die Lehren von Mykene und die Folgen des Fluchs der Atriden nachzudenken, um für sich etwas Wichtiges aus Mykene mitzunehmen. Sehenswert ist übrigens der Notausgang, der jederzeit eine Flucht aus der Oberburg ermöglichte. Doch vielem kann man entfliehen, einem Fluch jedoch nicht, der muß überwunden werden.

Einem Fluch zu entrinnen, ist unmöglich

Nun steigt man langsam von der Burg abwärts, schaut noch einmal auf den Kreis der Königsgräber und geht bewußt durch das Tor der Löwinnen, das wahrscheinlich erst nachträglich in die Burgmauer eingefügt wurde. Sicher ist, daß hier ein Tor stand, und man geht von der Annahme aus, daß es mit Löwen geschmückt war, da wir es doch mit einem ursprünglichen Sonnenheiligtum zu tun haben. Die Sonne, die alles an den Tag bringt, die alles entdeckt, also auch das, was ganz tief in uns lebt, was wir an Schatten und Dämonen in uns in der hintersten Ecke unseres innersten Kellers abgestellt haben, nach oben ans Licht holt.

Wir werden diesem Phänomen im nächsten Kapitel noch einmal begegnen und uns dabei sicher an Mykene erinnern.

Außerhalb des abgezäunten Ausgrabungsgeländes finden wir dann – nun eintrittsfrei – die zweite Attraktion von Mykene: die Kuppelgräber.

Links:
Das geheime
Fluchttor in der
Burg von Mykene

Das größte und schönste Grab, um das sich alle Besichtigungsgruppen mit Recht drängen,

wurde von Schliemann ausgegraben und trägt den Namen Schatzhaus des Atreus. Die Bezeichnung ist sicher nicht richtig. Manchmal wird es auch als Grabmal des Agamemnon bezeichnet, was auch nicht zutreffen dürfte.

Magischer Anziehungspunkt: Das Schatzhaus des Atreus

Aber das spielt keine Rolle. Begeisterung erfüllt den Besucher, wenn er vor dem Grab steht. Es ist in einen Hügel hineingebaut, so daß ein kurzer Weg, etwa 38 Meter lang und 6 Meter breit, hineinführt.

Zunächst fällt das sogenannte Entlastungsdreieck auf, das sicher einst ausgefüllt und mit Schmuck verziert war. Der Zugang erinnert an das Löwentor der Burg.

Man fragt sich, wer (und auf welche Weise! Der Monolith wird auf 120 000 Tonnen geschätzt) dieses Werk ungefähr 1400 bis 1200 Jahre vor der Zeitwende geschaffen hat! Das Erstaunen wird noch größer, wenn man dann das Grab selbst betritt. Man befindet sich urplötzlich – von außen ist das nicht zu ahnen – in einem riesigen Gewölbe, dessen Kuppelhöhe unglaublich erscheint. Höhe und Durchmesser der Kuppel betragen je etwa 13 bis 14 Meter.

Ehrfurcht überfällt jeden, ja fast noch mehr als in der »Großen Galerie« der Cheopspyramide. Man wird hier merkwürdig still, so daß die einst hier Begrabenen weiterhin ihre Ruhe finden. Die Steine der Kuppel ragen alle nach oben gestaffelt ein wenig hervor, so daß sie ganz ohne Bindemittel den Druck der Masse aushalten. Mit zunehmender Höhe werden die Ringe immer enger, bis sich dann die Kuppel schließt. Dieses Kuppelgewölbe ist das älteste der Antike, vor dem Pantheon in Rom.

Hier in diesem – wahrlich gewaltigen – Raum

wurden die Begräbnisfeierlichkeiten abgehalten, wurde vielleicht auch – wie in den Königsgräbern der Ägypter – der die Toten begleitende Schatz aufbewahrt. Die eigentliche Grabkammer ist klein und unbedeutend, vom Eingang aus findet man sie auf der rechten Seite.

Natürlich wurden die Gräber ausgeraubt; später dienten sie Hirten als Schutzraum. Aber die Gräber (und besonders das angebliche von Atreus) sprechen noch heute vom Glauben an die Götter, vom Streben zum Himmel, zu dem es die Mächtigen wie das Volk einst zog. Sicher fanden daher im Kuppelgebäude auch Opferhandlungen statt. Ohne Opfer gab es keine Gunst der Götter, das hatten die Menschen vor 4000 Jahren wohl mit als erstes begriffen.

Das Grab, das wir nun verlassen, wurde oft auch mit einem Bienenkorb verglichen, und die Ähnlichkeit ist wirklich verblüffend, aber eine tiefergehende Erklärung ist dafür bisher noch nicht gefunden worden. Neben diesem – etwas von der Burg und dem Heiligtum entfernt gelegenen – Kuppelgrab gibt es noch einige andere in der Nähe der Burg, die aber in keinster Weise den überwältigenden Eindruck vermitteln wie das sogenannte Grab des Atreus beziehungsweise des Agamemnon.

Aber nun ist ein wichtiger Name gefallen, der ebenfalls zur Geschichte vom Fluch der Atriden gehört, wie auch die Namen einiger anderer Kuppelgräber. Etwa das Grab der Klytämnestra* oder das des Ägisthos** – Namen, die sofort an die Stücke der großen griechischen Tragödie erinnern.

Atreus hinterließ zwei Söhne: Agamemnon,

* auch Klytaimnestra
** auch Aigisthos

der König von Mykene wurde, und Menelaos, den König von Sparta. Diese Söhne heirateten zwei Schwestern (wieder die Bluts- und Familienbande). Agamemnon ehelichte Klytämnestra, und Menelaos nahm die schöne Helena zur Frau.

Wie der Trojanische Krieg ausgelöst wurde

Jetzt nähern wir uns dem Trojanischen Krieg.

Eris, die Göttin der Zwietracht (auch eine Lernfabel für die Menschen), hatte im Olymp einen goldenen Apfel mit der Aufschrift: »Der Schönsten im Lande« unter die Götter geworfen.

Hera, Athene und Aphrodite fühlten sich gleichermaßen angesprochen, so daß Zeus einen Schiedsrichter benötigte. Er wählte Paris, einen Sohn des Königs Priamos von Troja.

Paris reichte Aphrodite den Apfel. Aber nicht – und so beginnt mit Lug und Trug eine neue Tragödie –, weil er Aphrodite für die Schönste hielt, sondern weil diese ihm versprochen hatte, ihm die Schönste aller Frauen zuzuführen, und das war Helena, die Frau des Menelaos aus Sparta.

Daraufhin raubte Paris Helena, entführte sie nach Troja – und der zehnjährige Trojanische Krieg war ausgebrochen. Dieser Krieg interessiert uns jedoch nur in bezug auf den Fluch der Atriden.

Agamemnon zog nach Troja, Ägisthos jedoch – der Sohn von Thyestes und seiner Tochter Pelopia, der Atreus ermordet hatte – begann während der Abwesenheit von Agamemnon ein Verhältnis mit Klytämnestra, während Agamemnon eine Bindung mit der berühmten Kassandra einging.

Der Fluch der Atriden

Als der Trojanische Krieg zu Ende war und Agamemnon mit Kassandra, die das nun kommende Unglück richtig vorausgesagt hatte, nach

Mykene zurückkehrte, stiftete Klytämnestra
Ägisthos an, ihren Gatten Agamemnon zusammen mit Kassandra zu erschlagen. Der Grund
war nicht die Eifersucht, sondern die Rache dafür, daß Agamemnon vor dem Trojanischen
Krieg bereit gewesen war, ihre Tochter Iphigenie
zu opfern. Zwar entkam Iphigenie, aber Klytämnestra hatte dies nie verwinden können. Der An-
schlag des Ägisthos gelang. Nun regierte er mit
Klytämnestra in Mykene.

Doch kein Mord bleibt ungesühnt. Die zweite
Tochter der Klytämnestra, Elektra, verlangte von
ihrem Bruder Orestes im Auftrag des Gottes
Apollon – nun griffen die Götter ein –, den Mord
zu rächen. Verkleidet kam er nach Mykene, tötete Ägisthos und trat vor seine Mutter Klytämnestra, die ihn jetzt erkannte und anflehte, sie
am Leben zu lassen. Doch Orestes erfüllte den
Auftrag Apollons. Obwohl Orestes auf göttlichen Befehl handelte, wird er nun von den Erinnyen verfolgt. Jetzt kommt endlich ein neues
Moment in diese Mythe: ein Gericht! Orestes
muß vor dem Gericht auf dem Areopag in Athen
erscheinen, wo er dann schließlich freigesprochen wird. Der Fluch der Atriden ist endlich beendet. Es mußten ein Gott eingreifen und ein Gericht, ehe der Fluch überwunden wurde. Fast
möchte man der Meinung sein, die Selbstgerech-
tigkeit, die persönliche Rache war nun bewältigt.
Aber unter welchen Schmerzen, unter welchem
Leid, unter welcher Pein!

Die Menschheit hat alles so schwer begriffen,
auch das ist eine Lehre von Mykene.

Orestes übernahm die Herrschaft über Mykene, starb aber nach einem Biß einer Gift-

schlange. Nun begann unter seinem Sohn Tisa-
menos die wahre Blütezeit dieser Stadt und ihres
Umlands.

Der Biß einer Schlange bedeutete einst jedoch
einen schönen Tod, da er die Wiederauferstehung garantieren sollte: Deswegen hatte sich
auch Kleopatra durch einen Schlangenbiß selbst
umgebracht.

Die Tragödie der Atriden ging – dank der großartigen griechischen Theaterdichter – in die
ganze Welt hinaus. Noch heute mahnen diese
Dramen die Menschen, nicht wieder in die Ur-
sprünge der menschlichen Entwicklung zurück-
zufallen.

Mykene ist nicht weit entfernt von einem Ort,
wo eines der schönsten, der größten und der bedeutendsten Theater Griechenlands und damit
des Abendlandes liegt: nämlich Epidauros. Dort
wandelt sich die Tragödie dann in die Komödie
um. Die Fahrt dahin führt über Argos, auch dies
eine Stadt der Mythen und auch eine wichtige historische Stadt, denn Argos kämpfte mit Sparta
lange Zeit hindurch um die Vorherrschaft auf
Die Mythen des dem Peloponnes. In Argos spielen die Mythen
Danaos des Danaos, der seine 50 Töchter mit den Söhnen
seines Bruder Aigyptos vermählte, jedoch von
ihnen verlangte, daß sie alle in der Hochzeits-
nacht die Herzen ihrer Männer durchbohrten.

Eine einzige widersetzte sich dem Befehl! Sie
entging dadurch der Strafe, denn die 49 anderen
Töchter wurden in den Tartaros (die Unterwelt)
verbannt, wo sie mit durchlöcherten Krügen
Wasser in ein Faß ohne Boden gießen mußten.
Die Strafe war so ausgerichtet, daß die Sinnlosig-
keit der begangenen Tat den Verurteilten be-

wußt werden sollte. In Argos schließt sich der
Kreis, der um Mykene spielt. Denn ein Urenkel
des Danaos war jener König von Argos, dem ein
Orakel weissagte, daß er zwar keine Söhne haben würde, ihn aber ein Enkel töten würde.
(Diese Mythe wird oft auch etwas anders erzählt,
aber alle Mythen, die ja auf mündlichen Überlieferungen basieren, haben ihre Variationen,
durch die sich die Grundaussage und der Sinn
nicht ändern.) Der König von Argos sperrte daraufhin – wie schon geschildert – Danae ein. Aber
Zeus näherte sich ihr in Gestalt eines Goldregens
und zeugte mit Danae Perseus, der erste nicht
mehr rein göttliche Herrscher von Mykene (siehe
Seite 105 ff.).

Von Argos ist eine auf der Höhe liegende, weit
ins Land schauende Burg geblieben, die in ihrer
heutigen Form aus dem Mittelalter stammt, aber
sicher stand hier auch in der Antike eine Festung. Nun ist es nicht mehr weit zu der Stelle,
bis zu der einst das Meer reichte, nämlich ungefähr dort, wo heute die Stadt Tiryns liegt. Hier
fällt die Burg auf, deren Mauern noch stärker
sind als die von Mykene. Tiryns galt immer als
Vorburg von Mykene, als Schutz vor fremden
kriegerischen Seefahrern.

Die gewaltige Burg hinterläßt heute noch einen starken Eindruck. Einst wurde sie auch als
Fluchtburg genutzt, ihre Mauern sind bis zu
siebzehn Meter – mindestens aber sieben Meter –
breit, so daß sie nur Riesen, Kyklopen, errichtet
haben können, wie es die Legenden auch berichten.

Hier war der Ort, da sich Zeus der Alkmene
näherte, mit der er dann Herakles zeugte, der

**Mykene –
auch heute noch
ein gewaltiger
Eindruck**

später in Nemea geboren wurde. Hier residierte dann auch Eurysteus, den wir aus den Heraklesmythen bereits kennen.

Die meisten Reisenden fahren aus Zeitmangel an Tiryns vorbei, nachdem sie Mykene besichtigt haben. Wer es jedoch einrichten kann, der verweile einen Augenblick, denn die Burg ist gewaltig und hinterläßt als Bau einen stärkeren Eindruck als Mykene. Der Zauber von Tiryns ist allerdings weitaus geringer als der von Mykene, und auch die landschaftliche Lage ist bei weitem nicht so eindrucksvoll.

Weiter geht es nun über Nauplia Richtung Epidauros, dem Ort, an dem die Seelen geheilt wurden.

Wo die Seele Heilung fand – Epidauros

Nauplia, die alte Hauptstadt Griechenlands, lädt mit guten Hotels und einem recht hübschen Ortskern dazu ein, sich hier einen oder zwei Tage zu entspannen. Ein Gang am Meer entlang erholt, und auch sonst hat dieser gepflegte Ort einiges zu bieten.

Danach geht es – etwas mehr als 30 Kilometer – nach Epidauros. Die meisten Besucher, die nach Epidauros kommen, begnügen sich damit, das Theater, vielleicht auch das recht sehenswerte Museum zu besichtigen. Diese Besuche lohnen auch. Aber hier in Epidauros geht es um mehr, geht es wirklich um die innere Heilung.

Stätte innerer Heilung

Die bisher geschilderten Mythen haben eine nicht immer leichte Entwicklung der abendländischen Menschheit offenbart. Es ist klargeworden, daß Mythos und reale Geschichte sich eng miteinander vermischt haben, denn die Mythen spiegeln auch die echten Kämpfe mit Eindringlingen wider, wie auch Perseus zunächst als Führer eines Einwanderervolkes galt.

Zunächst ließen sich die Pelasger an der argolischen Küste nieder, dann kamen Perseus, danach die Achäer (Pelops und Atreus) und schließlich die Dorier. Sicher versuchten auch die Perser schon damals, auf dem Peloponnes Fuß zu fassen.

Nun ist für uns die Geschichte weniger interessant, sie ist auch in anderen Büchern bestens nachzulesen. Wir erwähnen dies nur, weil die verschiedenen Besiedlungen, verbunden mit Angriff, Abwehr, mit Tod und Ausrottung, mit Freud und Leid, sicher schwer zu verarbeiten waren und belastende seelische Spuren hinterlassen haben; das kollektive Erbe schlug sich naturgemäß auf die individuelle Seele nieder, die ihr Schicksal verarbeiten mußte.

Der individuelle Mensch leidet oft unter seiner Seele, die ihn auch krank macht. Die psychosomatischen Krankheiten sind dafür ein besonderer Beleg. Die Griechen waren wohl die allerersten, die erkannt haben, daß mit jeder Krankheit auch die Seele der Heilung bedarf. Als heilender Gott wurde stets Apollon angesehen. Apollon liebte Koronis, die auch von ihm schwanger war. Doch – und dies ist nun eine bemerkenswerte Tatsache in den griechischen Mythen – Koronis hatte gleichzeitig eine Liebesbeziehung zu einem Sterblichen. Auch die Götter können also verlieren. Eine Krähe brachte Apollon diese Nachricht, worauf der Gott die bis dahin weiße Krähe in einen schwarzen Vogel verwandelte. Wir kennen dieses Motiv aus der Geschichte der Athene; das zeigt, wie sich Mythen oft überschneiden, je nachdem, an welchem Ort sie erzählt werden, ob also am Heiligtum der Athene oder dem des Apollon oder an anderen Stätten.

Wie die weiße Krähe ein schwarzer Vogel wurde

Aber da ein Gott über den anderen wacht, so sah auch Artemis, die Schwester des Apollon, daß ihr Bruder schmählich hintergangen wurde. Sie handelte sofort, ergriff ihre Jagdpfeile und streckte Koronis nieder und legte sie sofort auf einen Scheiterhaufen. Dann erst benachrichtigte sie ihren Bruder.

Es war höchste Zeit!

Denn als Apollon erfuhr, daß Artemis gehandelt hatte, dachte er mit Schrecken daran, daß Koronis ja von ihm schwanger war! Er wies Hermes, der für alle handwerklichen Arbeiten zuständig war, an, das Kind aus dem Leib der toten Mutter zu retten. Hermes handelte schnell und schnitt den Sohn heraus.

Dieser Sohn war Asklepios (bei den Römern später Äskulap). Ohne Mutter wuchs das sehr begabte Kind, wie sich bald zeigen sollte, beim weisen Kentaur Cheiron auf, der es insbesondere medizinisch schulte. Auch Apollon beteiligte sich an der Erziehung seines Sohnes, auf den er schnell sehr stolz war. Die kluge Athene gab ihm etwas Blut von der Gorgo, deren Haupt **Das geheimnis-** – wie wir wissen – der Medusa gehörte und das **volle Blut** Perseus sich mit Hilfe von Hermes, Hades und **der Gorgo** Athene geholt hatte.

Das Blut der Gorgo hatte zwei besondere Eigenschaften: Das Blut der rechten Seite tötete den, auf den es floß. Das Blut der linken Seite jedoch erweckte Tote zum Leben. Athene gab Asklepios das Blut der linken Seite.

Asklepios zählte nicht zu den oberen Göttern, aber er war doch sehr angesehen und wurde zum Symbol der Heilung schlechthin. Sein Kennzeichen (heute würden wir sagen: Markenzeichen) war der Stab, um den sich eine – manchmal auch zwei – Schlange windet. Dieses Symbol muß uns etwas beschäftigen, denn es ist uralt und aus der Geschichte der Menschheit nicht wegzudenken.

*Asklepios – der
Schutzpatron der
Heilkundigen*

Wenn etwas über die ganze Welt verbreitet ist und zu allen Zeiten – schon in Babylon und Ägypten – sowie bei allen Völkern Verwendung findet, dann muß dieses Bild vom Himmel kommen. Dies trifft zu. Wir lesen von dem Symbol sogar in der Bibel. Moses wollte von seinem Gott (vom Himmel) ein Zeichen, daß ihm der Herr erschienen war, um sein Volk aus der Knechtschaft Ägyptens herauszuführen.

»Der Herr entgegnete ihm: Was hast du da in der Hand? Er antwortete: Einen Stab.

Da sagte der Herr: Wirf ihn auf die Erde.

Moses warf ihn auf die Erde. Da wurde der Stab zu einer Schlange, und Moses wich vor ihm zurück.

Der Herr aber sprach zu Moses: Streck deine Hand aus und fasse sie am Schwanz. Er streckte die Hand aus und packte sie. Da wurde sie in seiner Hand wieder zu einem Stab.

So sollen sie dir glauben, daß Jahwe erschienen ist, der Gott ihrer Väter.« (Exodus, 4,2–5)

Stab und Schlange sind also ein uraltes, heiliges Zeichen, das Monat für Monat am Himmel zu sehen ist. Dort ist die Milchstraße der Stab (Lebensbaum). Wenn sich die Sonne des Morgens diesem Baum nähert, verschwindet er vom Himmel, dafür taucht die Mondschlange (die sterbende, abnehmende Mondsichel) auf. Der Stab hat sich zur Schlange gewandelt.

Stab und Schlange – uralte magische Zeichen

Sobald aber die Sonne über die Milchstraße hinweggezogen ist, erscheint der Stab wieder, und die Mondsichel ist vom Himmel verschwunden. Denken wir nun an die dreigestaltige Hekate, dann wissen wir, daß der Mond stirbt, aber wiederaufersteht. Die Mondschlange (die Sichel des Mondes) steht also als Beweis für das neue

Leben. Das wußten bereits die ägyptischen Priester wie alle diejenigen, die zum Himmel empor-
schauten – also auch die alten, weisen Griechen.
Sie wußten, daß eine Schlange neues Leben
bringt, daß dazu aber ein Stab (heute würden wir
sagen: der Stab des Himmels) notwendig ist.

Diese Symbolsprache des Himmels hat sich bis
heute gehalten, da auch unsere heutigen Medizi-
ner das Symbol weiterhin gebrauchen.

Es darf ruhig noch einmal daran erinnert werden, daß der Mond, damit die Schlange, in der
Esoterik – besonders in der astrologischen Disziplin – in erster Linie das Seelische und die einzelne Seele symbolisiert. Ein Gebot folglich für
alle Ärzte, den seelischen Aspekt bei keiner Behandlung außer acht zu lassen.

»Wie der Himmel Das Bild von Stab und Himmel gibt es nur am
also auch Firmament zu sehen. Auch wenn der Herr for-
auf Erden« derte, daß Moses seinen Stab zu Boden werfe,
ändert dies nichts daran, da das oberste Gesetz
grundsätzlich lautet »Wie im Himmel also auch
auf Erden« oder »Unten wie oben«. Wie logisch –
als Beispiel oder Allegorie – die Mythen aufge-
baut sind, beweist die Tatsache, daß die Kinder
des Asklepios vielsagende und bedeutende Namen bekamen (wobei man nicht genau unter-
scheidet, ob sie Sterbliche waren oder nicht). Ein
Kind hieß Hygieia, also Gesundheitspflege, ein
anderes Panakeia, was Allheilmittel bedeutet.

Asklepios, obwohl eher ein Heros als ein Gott,
legte sich zum Wohle der Menschen durchaus
mit Gottheiten an. Hades etwa geriet in Zorn,
wenn Asklepios zu oft Tote wieder ins Leben zu-
rückholte.

Es war sogar so, daß Verstorbene dank Asklepios wieder aus der Unterwelt zurückkehrten.

Der Kerberos war ja entmachtet. Sogar sich selbst mußte Asklepios auch wieder zum Leben erwecken, als Zeus ihm zürnte und ihn mit einem Blitzstrahl tötete. Es heißt, Apollon, der sich nicht gegen seinen Vater stellen durfte, wäre seinem Sohn trotzdem zur Hilfe geeilt. Aber jede Auflehnung gegen Zeus wurde bestraft. Apollon mußte ein Jahr lang zu König Admetos in die Verbannung und dort Hirtendienste verrichten.

Immerhin erfuhr Asklepios von früh an göttliche Unterstützung, was im Grunde ja den Menschen zugute kam. Denn Götter heilte Asklepios nicht.

So kann gefolgert werden: Über Asklepios zeigten sich die Götter mit den Menschen versöhnt. Die Zeit der Leiden, der Tragödien war vielleicht noch nicht vorbei, aber es gab Hilfen, diese besser zu überstehen. Auch ging es nicht mehr um Völker – und damit in erster Linie um Könige oder Fürsten –, sondern um die einzelnen Menschen, die sich nun in der Mehrzahl ein beachtliches Terrain der Anerkennung und damit der Selbständigkeit erobert hatten. Sie erhoben so ihren Anspruch auf ein Stück Lebensglück, was sie auch durchsetzten, denn sie brachten den Reichtum mit.

Die Geheilten reisten nie ab, ohne große Geschenke zu hinterlassen, wie es auch heute noch in Gemeinden mit einer wundertätigen Madonna üblich ist. Die Gemeinde von Epidauros konnte sich so weitangelegte Gebäude und Heiligtümer leisten. Alles wurde nach praktischen Erwägungen geplant und durchgeführt; die großen Bauten stammen etwa aus dem 4. Jahrhundert v. Chr., also schon aus neuerer Zeit.

Der Dank der Geheilten

Wenn wir heute die Parkanlage betreten, dann spüren wir, wie gut einem Kranken diese Umgebung bekommen müßte (was selbstverständlich auch auf die Jahreszeit ankommt). Im Park – das Theater klammern wir zunächst noch aus – finden sich verschiedene Ruinen von Krankenhäusern, Unterkünften, Behandlungsstätten und so fort. Alles macht einen großzügigen Eindruck, wie es sich für einen reichen Kurort gehört, der zur Heilung der Seelen geschaffen wurde.

Wie die Heilungsuchenden empfangen wurden

Die Gesundheit suchenden Gäste wurden von Priestern empfangen und in die Schlafräume eingewiesen. Die Grundmauern der Unterkunftshäuser sind heute noch zu sehen. Viele Gäste blieben jedoch im Ort Epidauros und kamen zur – heute würden wir sagen, ambulanten – Behandlung in den Heilbezirk.

Doch einige Nächte mußten alle hier verweilen, denn die Heilung sollte durch einen Schlaf im Tempel des Asklepios angeregt werden. Die Heilungsuchenden wurden – je nach Krankheit – in verschiedenen Räumen untergebracht, wo sie schlafen sollten, damit ihnen – wie es hieß – der Gott *Traum* erschiene.

Sie hatten den Auftrag, sich die Träume genau einzuprägen. Mit Hilfe der Priester wurden dann am nächsten Morgen, noch vor jeder anderen Tätigkeit, die Schlaferlebnisse gedeutet, womit die Heilung eingeleitet war. Sicher reichte ein Traum oder eine einzige Nacht oft nicht aus, aber die Priester, die antiken Psychologen, hatten in ganz Griechenland den ausgezeichneten Ruf, die Stimmen der Seele übersetzen zu können. Damals schon war die Sprache der Götter schwer zu verstehen. Man sagt, damit fing die Behandlung psychosomatischer Leiden überhaupt an.

Die göttliche Ausdrucksweise lebt in den Seelen der Menschheit, und wer die nicht mehr versteht, der hat seine Mitte verloren, der muß erst wieder in die kosmische Einbindung zurückgeführt werden. Das war das Problem, dessen Lösung in Epidauros im Heiligtum des Asklepios versucht wurde.

Selbstverständlich beruhte die Behandlung nicht nur auf der Traumdeutung, auch Bäder wurden verabreicht, ja auch Bewegungstherapie und Musik wurden als heilstärkende Faktoren eingesetzt. Es gab ein Odeion (eine Musikhalle), das die Römer später überdachten, und vor allem viele Gespräche. Auch ein Gymnasion für körperliche Übungen sowie ein Stadion standen den Kranken zur Verfügung.

Das klingt so ungewöhnlich modern, daß jeder Besucher heute alles nur mit Ehrfurcht aufnehmen kann. Es ist schon gesagt worden, daß die Priester äußerst gelehrt waren, wobei ihre Menschenkenntnis besonders ausgeprägt war.

Die schwierigen Fälle, besonders die mit Religionsfragen zusammenhingen, wurden sofort für die erste Nacht in den alten Apollontempel gebracht. Er ist das älteste Gebäude und in Ansätzen noch zu erkennen. Hier wurde dann der göttliche Rat erwartet, der im Traum kommen sollte.

Da der Tempel nicht sehr groß war, mußte schon eine Auswahl getroffen werden, welche Heilungsuchenden hier verweilen durften. Eine Nacht mußte reichen, denn wenn der Gott in dieser Zeit keinen Rat gab, dann hatte das einen wichtigen Grund, der genauerer Erkundigungen bedurfte.

Im neueren Tempel, der nun schon allein dem

Asklepios geweiht war, stand in der Cella, dem
Hauptraum, Asklepios' Statue, die prachtvoll
gewesen sein muß, denn sie war aus Gold und
Edelsteinen gefertigt. Die Cella war allein dem
Halbgott gewidmet. Die Heilungsuchenden
schliefen nicht mehr hier, sondern erwarteten
den heilbringenden Traum in speziellen Hallen
an der Nordseite des Tempels.

Doch ganz besondere Beachtung verdient ein
weiteres Gebäude; die berühmte und sagenhafte
Tholos.

Die berühmte
Tholos von
Epidauros

Bevor wir uns mit der Tholos, dem Rundbau, näher beschäftigen, müssen wir noch einmal auf
das heilige Tier des Asklepios zurückkommen,
die Schlange.

Natürlich war ursprünglich die Mondschlange
des Himmels gemeint, aber im Vergleich mit
dem irdischen Tier kam man doch zu wichtigen
Übereinstimmungen; man denke nur an die bi-

Die heilenden
Schlangengänge
von Epidauros

blische Schlange, die Adam und Eva verführte und sich dafür den Fluch des Herrn einhandelte, für ewig auf dem Erdboden kriechen zu müssen.

Die Erdschlangen waren den Priestern in zweierlei Hinsicht aufgefallen: einmal durch die Fähigkeit, sich zu häuten, das heißt sich zu verjüngen oder dadurch zu neuem Leben zu kommen, zum anderen durch die Tatsache, daß der Biß vieler Arten tödlich war. Die Schlange mußte also ein Gift besitzen, von dem der Mensch (noch) nichts wußte.

Und jetzt kommt die große Intuition: Da die Schlange ja neues Leben bringt, wie der Himmel lehrt, müßten dies die Schlangen der Erde auch können. So kamen die Priester auf die Idee, mit dem Gift des Reptils zu experimentieren, um daraus eine Medizin zu entwickeln.

Wem dieser Schluß zu gewagt erscheint, der sei nur auf ein Beispiel unserer Zeit hingewiesen: Der Anthroposoph Rudolf Steiner kam durch den Anblick der schmarotzenden Mistel auf den Bäumen zu der genialen Überlegung, daß die Mistel ein Heilmittel gegen den Schmarotzer Krebs sein müsse. Und er hatte recht. Heute ist die Mistel aus den Naturheilverfahren gegen Krebs nicht mehr wegzudenken.

Im Heiligtum wurden daher Schlangen gehalten. Einige als heilige Tiere, die angebetet wurden, und andere, um Heilmittel zu gewinnen.

Die heiligen Schlangen

Heute sehen wir nur noch das Fundament der Tholos. Aber hierin sind Kreise und Windungen eingearbeitet. Das Labyrinth war von oben erreichbar. Noch heute sehen wir einen Ring konzentrischer Steinmauern. Man meint, genau weiß es keiner, daß hier die heiligen Schlangen gehalten wurden. Es wird aber auch vermutet, daß diese Schlangengänge für Patienten vorgesehen waren. Sie hätten hier ruhen sollen, um das (innere) Erlebnis der Häutung zu erfahren. Anderen Darstellungen zufolge sollen sie sich auch in den Schlangengängen bewegt haben, um sich so symbolisch das ewige Drehen um die eigenen Gedanken bewußtzumachen. Sicher gab es noch andere Therapieformen, die aber nicht genau nachvollziehbar sind.

Wahrscheinlich ist, daß dieser Bau ein heiliges Vorbild war. Vielleicht gab es hier in Epidauros so ein Schlangenlabyrinth, das zu Therapiezwecken Menschen in das Schlangendenken einführen sollte oder zu anderen Zwecken genutzt wurde.

Weitere Überlegungen gingen dahin, daß hier diejenigen Patienten untergebracht waren, die am Geist erkrankt waren. Doch dafür hätte es kaum eines so großartigen Gebäudes bedurft, von denen es in Griechenland insgesamt nur vier gegeben haben soll. (Wir begegnen einer weiteren Tholos noch in Delphi.) Erst wenn die Priester ihre Arbeit beendet hatten, übernahmen die Ärzte die weiteren Behandlungen. Zusammenfassend können wir sagen: Wir haben es hier mit einem psychotherapeutischen Zentrum zu tun, das der heutigen Medizin noch alle Ehre machen würde.

Priester und Ärzte nehmen sich der Heilungsuchenden an

Zu einer Therapie gehört aber auch der Kunstgenuß, gehören Theateraufführungen, denn Tragödien und Komödien regen oft zum Nachdenken an, ohne daß dies den Patienten bewußt wird. Die Seele aber spürt, ob auf der Bühne auch eigene Probleme erläutert und abgehandelt werden. Nun wäre es natürlich vermessen zu be-

*Das Theater von
Epidauros, wo Kunst
als heilende Therapie
eingesetzt wurde*

haupten, das riesige Theater von Epidauros sei
geschaffen, um zu Heilzwecken verwendet zu
werden. Sicher war bereits vorher ein kleines
Theater vorhanden, woraus sich dann der Plan –
Geld hatte man genug – für dieses großes Theater, das wir heute noch fast vollkommen erblik-
ken können, entwickelt haben mag. Die schönste Kulisse für dieses Odeion bietet seine landschaftliche Lage. Kaum ein Theater auf der Welt
ist so herrlich und günstig in die Natur eingebet-
tet. Das ist auch ein Grund für die außergewöhn-
liche Akustik, dank der ein Flüstern auf der

Bühne noch in der obersten 55. Reihe zu verstehen ist.

Das Theater kann 15000 Besucher auf Sitzplätzen fassen, plus 2000 Besucher, die oben dahinter noch stehen können. Die 55 Sitzreihen steigen verhältnismäßig steil in die Höhe, so daß jedem über die vor ihm Sitzenden freie Sicht geboten ist.

Auch hat man beim Bau an die – seltenen – Regenfälle gedacht und eine Ablaufmöglichkeit für Niederschläge geschaffen, so daß sich die Wasser nirgends stauten. Leider sind vom Bühnenhaus heute nur noch Fundamentreste zu sehen; und selbst diese Anlage, bis hin zu den Gebäuden, in denen Dekorationen aufgehoben wurden, soll vorbildlich gewesen sein.

Das Theater war dem Gott Dionysos geweiht, für den in der Mitte der Orchestra ein Altar errichtet wurde.

Der panische Schrecken – Marathon

Nach der Besichtigung von Epidauros fahren die meisten Besucher nach Athen zurück. Das ist eine gute Idee, denn jetzt schließt sich günstig ein Gang durch das Athener Nationalmuseum an. In ihm sind wertvolle Fund- und Ausgrabungsstücke zu sehen, die zum großen Teil von den bereits von uns besuchten Stätten stammen.

Die angenehmste Zeit für diesen Museumsbesuch sind Mittag und früher Nachmittag; zu dieser Zeit sind die Säle oft völlig leer, da sich die meisten Touristen beim Mittagsmahl laben. Auch ist als Besuchstag ein Wochentag zu empfehlen, denn viele Touristenbusse der Reiseveranstalter bringen ihre Gäste gleich zu Beginn der Reise, meist am Wochenende oder -anfang, nach Athen und in das Museum.

Gleich nach der Kartenkontrolle empfangen uns an erster Stelle das Gold von Mykene mit der sogenannten Totenmaske des Agamemnon sowie viele andere Arbeiten mykenischer Goldschmiede. Wir wollen hier nur einige Stichworte nennen (es gibt sehr gute Museumsführer), um neugierig zu machen.

Das Nationalmuseum und seine Schätze

Zu sehen sind das Eleusinische Relief, da Demeter das Samenkorn verschenkt, sowie viele attische Grabmäler vom Kerameikosfriedhof; die herrliche Statue des dreizackwerfenden Poseidon, Abbildungen der Athene und anderer Göt-

tinnen oder Götter; Jünglingsgestalten mit dem
berühmten archaischen Lächeln; die schöne
Aphrodite mit Eros und Pan und unzählige andere einmalige Stücke.

Unser nächstes Stichwort ist gefallen: Pan. Wir
wollen ihn durch ein geschichtliches Ereignis näher kennenlernen. Diesmal besuchen wir – zunächst – kein antikes Heiligtum, sondern eine
klassische Gedenkstätte, die an einen der ent-
scheidendsten Kämpfe der Geschichte Europas
erinnert. Sie liegt beim damaligen Dorf Marathon.

In dieser Schlacht ging es nicht um den Sieg einer Gottheit, dafür um denjenigen eines Volkes,
das hier – stellvertretend für Europa – kämpfte.
Gemeint ist der Sieg der Athener gegen die Perser. Und doch spielte ein uralter Gott indirekt
eine Hauptrolle: Pan.

Er war der Gott der Ziegen und erscheint
selbst sehr oft in Bocksgestalt. Ziegen waren in
den überwiegend kargen Landschaften Griechenlands die ersten Tiere, die sich die Menschen zunutze machen konnten. So beteten die
Hirten Pan an, daß er ihnen und ihrer Herde
Pan – vital günstig gesonnen sei. Pan war stets eine sehr vi-
und lüstern tale Gottheit – man sagt, er habe ewig lüstern
und verliebt den Mädchen nachgestellt, was nur
bedeutet, daß es damals schon wichtig war, für
den Fortbestand der Menschen zu sorgen.

Pan war ein genügsamer, ja ein gemütlicher
Gott, der jedoch eine kleine Marotte hatte, wie
wir heute sagen würden: Er brauchte und genoß,
wenn die Sonne ihren höchsten Tagesstand erreicht hatte, seine Siesta. Bis heute richten sich
die Menschen rund um das Mittelmeer danach.

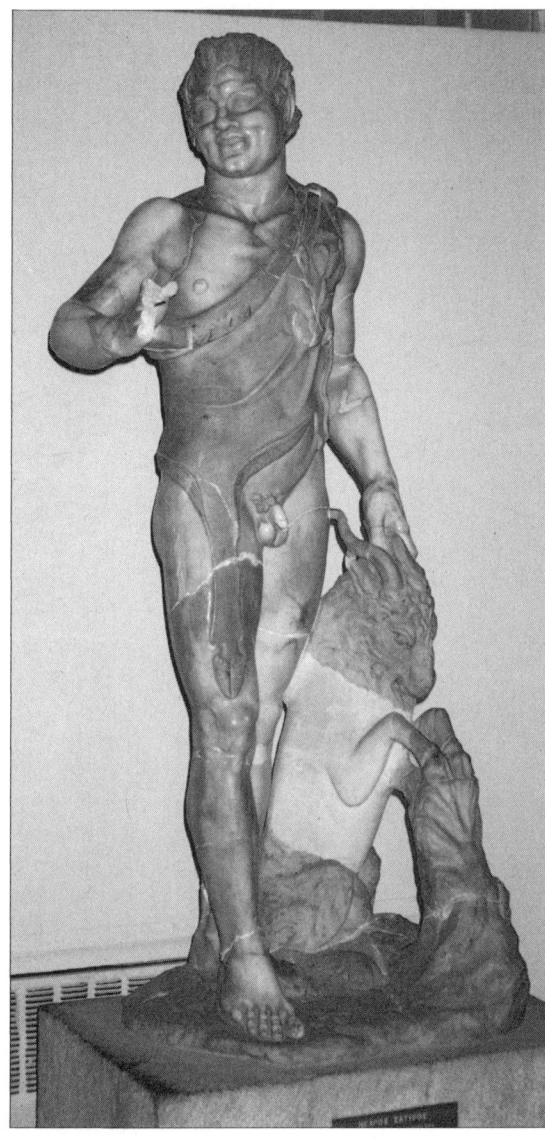

Der Gott, der den Menschen panischen Schrecken einjagte

Störte man Pan nun beim Mittagsschläfchen, konnte er höchst ungemütlich werden und so heftig reagieren, daß er allen einen »panischen« Schrecken einjagte. Auch bereitete es ihm Spaß, andere unvermutet und plötzlich Angst einzujagen.

Hier spielt (auch heute) immer noch die Urangst eine große Rolle, allein gelassen zu werden oder sich in einem Gelände zu verirren, in dem man sich schnell hilflos fühlt.

Man fürchtete Pan, der sich hier in seiner Ruhe gestört fühlen könnte, besonders, wenn er in der Einsamkeit seinen Liebesabenteuern nachging. Also sprach man laut, um den Eindruck zu erwecken, man wäre nicht allein. Das angstvolle Singen im Walde, das die Furcht besiegen sollte, war schon damals wohlbekannt. Gott Pan vermag also Panik auszulösen, und das sollte für die Griechen bei der Schlacht um Marathon wichtig werden.

Pans wichtigste Eroberung unter der griechischen Weiblichkeit war sicher Selene, eine Mondgöttin.

Der Mond mit seinem ewigen Wachstum galt stets auch als das Symbol der Fruchtbarkeit, die besonders des Nachts wirksam war. Pan war häßlich, bocksfüßig, behaart und mit Hörnern auf dem Kopf versehen. Nicht alle Nymphen oder Mainaden wollten ihn erhören. Das war wohl auch ein Grund dafür, die Begegnungen – etwa mit Selene – des Nachts zu suchen. Pan war **Ein Gott** ferner der Gott der Musik und der Musikanten. **der Musik und** Er lehrte die Menschen, aus abgeschnittenen **der Musikanten** Schilfrohren Musik zu zaubern, die über Berge und Täler vernehmbar war. Die Panflöte kennt man auch heute noch. Die Hirten hatten Zeit, auf der Flöte zu spielen, und sie hielten damit auch ihre Herde zusammen, denn die Ziegen hatten sich – so heißt es – daran gewöhnt, den Tönen der Schilfrohrflöte zu lauschen.

Pan wird den minderen Gottheiten zugerechnet, aber er verstand es immer wieder, auch den Olympiern Respekt einzuflößen. Da man ihn oft in Begleitung von Satyrn und Nymphen sah, wurde eine (innere) Verwandtschaft zu Dionysos angenommen, was sicher so falsch nicht war.

Damit zur Schlacht bei Marathon:

Die Perser hatten Euböa besetzt, um von dort mit ihrer Flotte zur Bucht von Marathon überzusetzen. Das Ziel war, von hier nach Athen vorzustoßen. Die Athener wollten jedoch die Perser recht weit vor ihrer Stadt abfangen und verlegten ihre Streitmacht in die Höhen um diese Bucht.

Wer heute auf dem klassischen Schlachtgelände steht, kann sich sehr gut in die Lage der Athener hineinversetzen: Rund 10 000 Mann mit Sklaven hatten die Athener aufgetrieben, um sich der Übermacht der Perser zu erwehren. Auch ein Heer Spartaner war auf dem Weg nach Athen, aber es kam erst an, als die Schlacht entschieden war. Nur 1000 Platäer konnten den Athenern zu Hilfe eilen.

Die Perser konnten – den Schilderungen nach **Die Schlacht** – zehnmal so viele Männer in die Schlacht werfen, **von Marathon** aber ihre Überlegenheit war eine ganz andere: Sie hatten Pfeil und Bogen als Waffen, während die Athener nur für den Zweikampf Mann gegen Mann mit dem Schwert vorbereitet waren.

Damit wären die überdies schon überlegenen Perser in der Lage gewesen, die Athener zu vernichten, ehe diese überhaupt eine Gelegenheit hatten, an die Perser heranzukommen! Zum Glück war das den Athenern klar. Es mußte eine neue Taktik angewandt werden. Miltiades, der den Oberbefehl innehatte, führte die Athener in einer weiten Reihe in die Verteidigungsstellung, die von den Bergen bis zu den Sümpfen reichte, so daß es den Persern unmöglich war, seine Soldaten einzuschließen.

Dann entblößte er die Mitte und machte den dort aufgestellten Soldaten klar, daß sie bei einem Angriff sofort zurückzuweichen hätten. Die Flügel links und rechts hatte er dagegen sehr stark besetzt, in der Hoffnung, daß diese dann die Perser, wenn sie in der Mitte durchgedrungen waren, umzingeln könnten, um sie so auch von hinten anzugreifen.

Aber eines wußte Miltiades. Die Athener durften den Persern kein festes Angriffsziel bieten. So befahl er seinen Soldaten, sich beim Angriff in ständiger Bewegung zu halten, also im Schnelllauf auf den Feind einzustürmen, um den zu erwartenden Pfeilhagel zu unterlaufen. Diese Taktik führte zum Erfolg. Heute sprechen die Kriegswissenschaftler vom »ersten Sturmangriff der Geschichte«.

Der erste Sturmangriff der Geschichte

Und nun half zusätzlich – so die Überlieferung – der Bocksbeinige, der mit seinen schrecklichen lauten Rufen und Tönen die Perser in panischen Schrecken versetzte, was zur erwünschten Panik führte, so daß das große persische Heer vor der kleinen Macht der Athener flüchtete. Nur wenigen gelang es, auf die Schiffe zu entkommen; die umliegenden Sümpfe forderten ihre Opfer, denn so gut kannten die Perser das Gelände auch wieder nicht. Ein großer Teil wurde auch von den nachdrängenden Athenern erschlagen. Was hatte das alles mit dem Schrecken des Pan zu tun? Miltiades mag sich erinnert haben – und allen Athenern war das im Jahr 490 v. Chr. durchaus geläufig –, daß der Gott Pan mit seinem Flötenspiel, durch Schreien und andere Geräusche,

Gedenksäule
der Schlacht
von Marathon

weit und breit Schrecken verbreiten konnte. Die
Menschen hatten das schon vor langer Zeit ge-
lernt, denn so konnten sie einst die wildernden
Großraubtiere vertreiben.

Es ist also denkbar, daß Miltiades einen Teil
der Sklaven damit beauftragt hatte, auf ein Zeichen hin auf Hirtenflöten lauteste und unharmo-
nischste Töne anzustimmen, während andere in
ein fürchterliches Gebrüll ausbrachen, in das
dann die angreifenden Athener, schon um ihre
eigene Angst zu überschreien, einfielen. Dies
dürfte für die Perser so ungewöhnlich gewesen
sein, daß sie Orientierung und Übersicht verloren: Sie gerieten in Panik. Heute arbeiten wir
auch noch mit diesem Mittel, wenn zum Beispiel
Alarmsirenen eingesetzt werden, um Einbrecher
zu erschrecken und zu vertreiben, was meistens
auch gelingt, wenn der Überraschungseffekt nur
groß genug ist. Der Mensch kann und soll eben
immer von seinen Göttern lernen, oder anders
herum: Alle Erfahrungen stammen von den Göttern.

Der Grabhügel Sehr schlicht und einfach, aber ungeheuer bewe-
von Marathon gend ist der Soros, der Grabhügel, unter dem die
(nur) 192 gefallenen Athener ihre letzte Ruhe
fanden. Er ist ein Nationaldenkmal geworden –
ohne große Erinnerungstafeln oder anderweiti-
gen Schmuck. In seiner Schlichtheit vermittelt er
Größe.

Archäologen haben unter dem Hügel, der eine
Höhe von neun und einen Umfang von 180 Metern aufweist, gegraben und Skelette gefunden,
die möglicherweise aus der Zeit von vor 2500 Jahren stammen, so daß es sich durchaus um den
echten Grabhügel handeln könnte.

Bis heute jedoch ist von Marathon der berühmte Lauf geblieben, den wir als magisch be-
zeichnen können.

Nach der Schlacht soll ein Soldat die 42,195 Ki-   **Die Tragik des**
lometer lange Strecke nach Athen gelaufen sein,   **Marathonläufers**
um dort den entscheidenden Sieg zu verkünden.
Dieser Soldat hat nun nicht auf die griechischen
Götter gehört. Er rannte nämlich wie besessen –
heute würden die Astrologen sagen, ganz mar-
sisch –, ohne eine Pause einzulegen, nach
Athen. Den Gott Kronos (Saturn), der für Behut-
samkeit und nachdenkende Überlegung ein-
steht, hat er dabei nicht beachtet.

So konnte der physisch total erschöpfte Soldat
nur noch das Wort:»Sieg« herausschreien, um
dann vor aller Augen tot zusammenzubrechen.
Um ein Haar ist dies noch einmal gutgegangen,
denn ein Herzschlag eher, und die Athener hätten nicht einmal das Wort Sieg gehört. So wäre
vielleicht die Panik nach Athen gekommen,
denn es hätte sich ja auch um einen geschlage-
nen Soldaten auf der Flucht handeln können.

Zur Erinnerung an diesen magischen Lauf
sind inzwischen Hunderttausende die Strecke
vom Schlachtfeld bis nach Athen (der Soldat soll
auf dem Areopag zusammengebrochen sein) gelaufen, um so die Erinnerung an diese Europa
rettende Schlacht in den Herzen (und Köpfen)
der Menschen bewahren zu helfen.

Vierzehn Kilometer weiter nördlich liegt das Heiligtum einer Göttin, die durchaus auch in der
Lage war, panischen Schrecken auszulösen. Allerdings nur bei den Leuten, die ein schlechtes
Gewissen hatten. Bei der antiken Festung Rham-
nus liegt der Tempel der Göttin der Vergeltung,

Nemesis, und dicht daneben das Heiligtum der Göttin des Rechts, die Themis gerufen wurde.

Es ist ein besonders schönes Symbol, daß Recht und Vergeltung so eng beieinanderliegen, als gehörten sie zusammen. Sie sollten auch zusammengehören, denn Vergeltung ohne Recht ist nicht göttlich, und Untaten, die nicht vergolten werden, sind Unrecht. Wer vor den beiden Tempeln steht, präge sich ein, daß der kleinere Tempel der Göttin des Rechts geweiht war, der größere jedoch der Nemesis, der Rachegöttin.

Die Göttin der Rache Zeus war auch mit Nemesis eine Verbindung eingegangen. Hier kann der Schluß gezogen werden, daß die Liebschaften des Göttervaters ja nicht alle realiter stattgefunden haben, sondern daß dies ein Hinweis darauf war, daß kleinere oder lokale Gottheiten so in den Olymp mitaufgenommen wurden.

Nemesis galt als Tochter der Nacht. Denn dann kommt das meist schlechte Gewissen, wenn sich die Seele Gehör zu verschaffen vermag. Am Tag wird das Unbehagen durch bewußte Verdrängung der Gedanken über eine Unrechtstat beiseite geschoben.

Der Nemesis – so heißt es – kann keiner entrinnen. Sie ist eine Göttin, die sich Zeit läßt, und die immer in dem Moment die Szene betritt, wenn dies nicht mehr erwartet wird. Man sagt, je später sie an die Pforte klopft, desto härter ist die Strafe, die sie bereithält. Sie wartet also, ob der Schuldige sich nicht doch noch besinnt und den Himmel um Gnade anfleht, nachdem er sein Vergehen gesühnt hat.

Nemesis tritt zunächst sehr freundlich auf, oft erscheint sie nur den Schuldigen, das heißt, sie träumen von ihr. Angenehme Träume, denn der

Racheengel soll eine Schönheit gewesen sein (hätte sonst Zeus sie besitzen wollen?).

Nemesis war die Göttin, die sozusagen den Fluch des ewigen Bösen ablöste. Sie rächte menschliche Hybris, sie verdammte menschliche Überheblichkeit und Maßlosigkeit. Sie war der Garant dafür, daß sich kein Mensch zum Gott erhob (eine Göttin übrigens, die den Ägyptern fehlte).

Sie sorgte dafür, daß alle Spielregeln eingehalten wurden. Wir würden heute sagen, sie sorgte für Recht und Ordnung. Ihre Kennzeichen waren das Rad (des Schicksals), also die fortlaufende Entwicklung, der wir alle zu folgen haben. Ferner trug sie den Apfelzweig als Symbol der ewigen Frucht, die es zu hüten gilt, und als wichtigstes Sinnbild die Geißel, die an ihrem Gürtel hing. (Auch die Pharaonen waren mit Geißeln versehen, doch sie waren keine Götter, sie bildeten sich nur ein, welche zu sein.)

Außerdem war Nemesis allgegenwärtig – was

Die zwei Tempel der Göttin der Rache und der Göttin des Rechts

man von Themis, der Göttin des Rechts, nicht sagen kann, sonst gäbe es weniger Unrecht auf der Welt. Themis war noch begehrenswerter als Nemesis. Vielleicht war sie deswegen so oft abgelenkt und sah das Unrecht nicht, wie ja auch das Recht dann nicht gefragt ist, wenn das Vergnügen an erster Stelle steht. So logisch geht es in der griechischen Götterwelt zu. Themis wurde auch von Zeus begattet; ihre Kinder waren die Schicksalsgöttinnen und – das erscheint sehr wichtig – die Jahreszeiten. Was heißt das anderes, als daß auch die Zeiten des Jahres ihr Recht haben, was uns geradewegs zur Astrologie hinführen könnte. Damit kommen wir zum Olymp, auf dem die Göttersymbole der Sterndeuter zu Hause sind.

Die Olympier – Olympia

Olympiade – ein Begriff, der mit Griechenland zusammenhängt, ist in der ganzen Welt bekannt; mit ihm sind das griechische Nationalheiligtum Olympia und der Olymp mit seiner Götterwelt eng verbunden. Der Weg zum Olymp ist weit – war weit.

Auch die Olympier, wie man die Götter des Olymps bezeichnet, sind nicht so ohne weiteres zu diesem Status gelangt. Auch sie haben eine Entwicklung hinter sich, auch sie tragen ein Erbe, das sie belastet, sie aber auch wachsen ließ.

Sie wurden von den Menschen geschaffen, entwickelten aber dann ihre Eigendynamik, doch stets waren sie abhängig von den Vorgängen, die zur Welterschaffung geführt hatten – so wie es sich die Menschen einst vorstellten. Und jene stellten sich die Schöpfung – zumindest vom inneren Gehalt her – richtig vor. Sonst würden dieselben Götter nicht noch nach Tausenden von Jahren in uns leben.

Die Olympischen schufen Symbole (so etwa für manche esoterischen Disziplinen wie Tarot oder Astrologie), die heute noch Menschen helfen, zu ihrer Mitte zu finden, weil sie vom Anfang der Geschichte an in den Menschen, in uns, leben.

So ist es gut, daß wir uns zunächst, bevor wir Olympia besichtigen, mit dem Erbe der Götter,

mit deren Stammbaum, wenn auch in verein-
fachter Form, etwas näher beschäftigen.

An eines sei hier noch einmal erinnert: Die
Götter der Griechen waren menschlicher als die
aller anderen Völker. Abgesehen von ihren be-
sonderen, übernatürlichen Talenten und Mög-
lichkeiten verhielten sie sich wie gewöhnliche
Sterbliche.

**Wie das
Göttergeschlecht
entstand**

Am Anfang war eine gähnende Leere. Diese
Leere hieß damals *Chaos*. Das Wort Chaos hatte
in dieser Beziehung nichts mit dem zu tun, was
wir heute darunter verstehen. In diese Leere
wurde dann die Erde hineingeboren. Sie hieß
Gaia, und Gaia ist die Urmutter, die das Chaos
zunächst ausfüllt.

Nach der Erde entstand aus dem Chaos *Okea-
nos* – das Wasser, das die Erde umgab und durch-
flutete.

Als drittes wurde aus der Leere dann noch *Eros*
geboren, was die Zeugungskraft, aber auch die
Liebe (mit der All-Liebe) beinhaltete. Nun
konnte Gaia zeugen – wenn auch noch ohne einen Partner, also nur aus sich heraus.

Das erste, was Gaia zeugte und gebar (das war
ein Vorgang in einem) war Ouranos. Damit war
das erste Gottpaar Gaia und Ouranos geschaffen.

Von Ouranos empfing Gaia nun viele Kinder.
Diese Kinder waren die Titanen, denn nur sie
konnten zunächst auf der Welt überleben und
die Voraussetzungen für das Leben schaffen.

Die Titanen verkörpern die Naturgewalten,
die erst ihre Form finden mußten. Neben ihnen
gebar Gaia mit Hilfe des Ouranos noch gewaltige
Riesen (als Prüfung für die Menschen), darunter
die Kyklopen , die dann bereits – im Namen der

Götter – die ersten gewaltigen Burgen und Heiligtümer schufen (siehe Mykene und Tiryns.)

Neben diesen Ungeheuern aber bekamen Gaia und Ouranos auch noch einen Sohn, der ein Gott war: Kronos, römisch Saturn. Mit ihm begann die Linie, die uns ab jetzt allein interessiert, die Linie, die zu Zeus führt.

Wir müssen diese Götter als archetypische Symbole sehen. Ihr Tun, ihr Wissen und ihre Erfahrungen leben ja in uns.

Mit Ouranos kam das Urplötzliche, die Eingebung, das Neue, die urplötzliche Wendung. Nun konnte (und mußte) Gaia nicht mehr aus sich heraus zeugen und gebären. Jetzt gebar sie erst nach einer Zeugung durch Ouranos.

Dabei war Ouranos, der permanent für Nachwuchs sorgte, eifersüchtig auf seine Kinder, die er im Innern der Erde einsperrte. Gaia aber gefiel das nicht. Welche Mutter will schon ihre Kinder vom Vater einsperren lassen, das würde ja die Geburt zu einem sinnlosen Vorgang machen.

Also verbündete sie sich mit ihrem jüngsten Kind, nämlich Kronos. Sie überredete ihn dazu, seinen Vater zu kastrieren. Kronos, der Ouranos sowieso haßte, benutzte dazu eine Sichel und warf die Geschlechtsteile in das Meer, das aufschäumte. Dem Schaum entstieg die »Schaumgeborene«, Aphrodite (römisch Venus).

Die Geburt der Aphrodite

Damit war die Liebe geboren, aber auch das Musische, das Menschliche, das Verstehen untereinander.

Doch bei der Kastration des Ouranos konnte Kronos nicht verhindern, daß einige Tropfen Blut zur Erde fielen. Noch einmal gebar Gaia dem Ouranos Nachkommen: Ungetüme, Furien und Riesen. Hier ist bereits das Omen des Fluchs

zu sehen, der dem heimtückischen Vatermord
folgt. Der Fluch, mit dem alle die leben, die ihren
Vater (meist in sich) auf gemeine Art überwin-
den wollen.

Der Fluch hatte bei Kronos bereits begonnen.
Ouranos, der – obwohl kastriert – am Leben
blieb, hatte Kronos gewarnt, daß eines seiner
Kinder ihm das gleiche antun würde. Und die
Angst davor biß sich bei Kronos immer tiefer in
seiner Seele fest. Die Angst, eines Tages auch
von seinem eigenen Fleisch und Blut entmannt
zu werden, führte dazu, daß Kronos seine Kinder in sich hineinfraß. Aber – das muß betont
werden – nicht, um sie dem Leben zu entziehen.
Nein, er wollte nur, daß seine Kinder in ihm reifen, und damit den Fluch der bösen Tat überwin-
den. Auch Kronos hatte ja nicht (im heutigen
Sinn) gemordet – denn Ouranos lebte nach der
Kastrierung weiter –, aber er hatte ihn als Mann
und damit als Vorbild für seine Kinder entmachtet. Das jedoch war schlimmer, als es eine Tötung sein könnte.

Kronos und Zeus

Kronos' Gattin war Rhea, ebenfalls ein Kind
der Gaia und des Ouranos, also auch durch die
Familientragödie belastet. Rhea wollte nun den
Bann durchbrechen, und als sie Zeus (römisch
Jupiter) gebar, versteckte sie ihren Sohn in einer
Höhle und setzte Kronos statt dessen einen Stein
vor, den dieser auch verschlang.

Zeus wurde bereits früh zum Kampf erzogen.
Als er erwachsen war, verlangte seine Mutter
Rhea von ihm, daß er seinen Vater Kronos ent-
machte. Kronos sollte die verschluckten Kinder
wieder hergeben, das war die Bedingung, wenn
er unterlag! Das war die erste mütterliche Tat in

Zeus, der oberste Olympier

der Götterfamilie. Hier wiederholte sich also der Kampf der Mutter wie bei Gaia und Ouranos eine Generation vorher.

Von den Kindern nennen wir – nachdem sie befreit waren – die für uns wichtigen: Poseidon, Hades, Hera und Demeter.

Das Archetypische des Kronos ist also das Bewahren, das Reifen, sicher auch das Nachdenkliche – ein wenig nach dem Motto: Die Zeit (Chronos) heilt alle Wunden.

Kronos wurde so zum Prüfer, der Geduld erwartet, da nichts über das Knie gebrochen werden darf. Die Kinder sind zu behüten, und zu ihnen zählen die leiblichen ebenso wie die Gedanken, die Handlungen, die Worte, die gesagt werden – also alles, was aus einem heraus an die Öffentlichkeit, an die anderen herantritt. Daß nicht alles mit der Befreiung getan ist, wird in der Folge deutlich, denn nun kämpfen die Brüder Zeus, Poseidon und Hades um die Macht. Nach ihr trachten aber auch die Titanen, die von Zeus besiegt werden, so daß sich schließlich auch Poseidon und Hades ihrem Bruder unterordnen.

Aufteilung des Weltalls Danach vergibt Zeus die Herrschaftsbereiche: Hades bekommt das Innere der Erde, Poseidon das Meer, einschließlich des Himmelsmeeres, und sich selbst teilt Zeus den Olymp zu, wo er als absoluter Regent thront. Damit wird er zur obersten Gottheit schlechthin, der als höhere Sonne (auf die kommen wir noch) bezeichnet werden kann. Die Größe von Zeus – und dies zeigt wieder eine positive Entwicklung an – liegt darin, daß er Kronos nicht bestraft. Er verbannt ihn. (Nach einer Quelle, nach einer anderen versetzt er ihn in einen tiefen Schlaf. Damit beginnt bereits die Beziehung des Kronos zum Mond.) Als Archetyp wirkt Kronos jedoch weiter, auch wenn er als Gottheit in Griechenland längst nicht die Bedeutung erlangte, wie es bei Saturn in der römischen Götterwelt der Fall war.

Mit *Zeus* begann – als Archetyp – die Entfaltung, der innere Reichtum, aber auch die Gerichtsbarkeit, wobei als oberste Sünde die Undankbarkeit stand, die von Zeus mit Donner und Blitz bestraft wurde.

Das Archetypische des *Poseidon* ist die Gefahr

der Täuschung (das unberechenbare Meer), aber auch die Inspiration, die aus dem Himmelsmeer empfangen werden kann.

Hades führt uns zur Macht, denn wer die Schätze dieser Erde besitzt, der hält die Macht in Händen, aber er verkörpert im archetypischen Sinn auch den dunklen Drang und Trieb der Durchsetzung.

Demeter versinnbildlicht das Archetypische der Jungfräulichkeit sowie der Ordnung und der Vorsorge, ferner das Wissen um die reine Nahrung (all das kann natürlich auch verlorengehen).

Hera ist archetypisch als Symbol des Vollmondes nur gemeinsam mit *Hekate* (als Symbol des Dunkel-, Neu- oder Schwarzmondes) zu sehen. Hier wird das Mütterliche symbolisiert, aber auch die Seele, die überlebt und neu aufersteht.

Die Götter des Olymps

In der Generationsfolge ging es nun wie folgt weiter:

Ein Kind von Zeus und Hera war der kriegerische *Ares*, der in Griechenland keine große Karriere machte, wie wir schon erfahren haben. Doch archetypisch steht er für Kampfesmut, den Willen zum Sieg und auch Trieb und Drang.

Zeus zeugte mit Leto (einer Titanin) den *Apollon*. Der Gott des Lichts versinnbildlicht archetypisch die Sonne (den Sonnengott *Helios* in den Hintergrund drängend). Er symbolisiert somit die Sonnenkraft in uns, infolgedessen auch die Orakel (weil die Sonne alles an den Tag bringt und auch weiß, was kommen wird). Insgesamt unsere bewußte, schöpferische Lebenskraft.

Mit Apollon eng verbunden ist ein weiterer Sohn von Zeus, der mit der Bergnymphe Maia

gezeugte Götterbote *Hermes*. Dieser aller-
menschlichste Gott tritt archetypisch für Kommunikation, Tatkraft und Denken sowie für den
Handel ein. Damit sind die für uns wichtigsten
Götter genannt.

Auf nach Olympia!

Hier, bei den großen Tempeln des Zeus und **Wo die ersten**
der Hera, fanden einst die klassischen »Olympi- **Olympischen**
schen Spiele« statt. Heute drängen sich Touri- **Spiele stattfanden**
stengruppen wie in Athen, Mykene oder Delphi.
Zum Glück ist das Gesamtgebäude recht groß, so
daß sich die Menschen verteilen. Nur am ge-
wölbten Torbogen zum Eingang ins Stadion
stauen sich die Besucher, manche legen sich einen Zweig um das Haupt, um wie antike Sieger
auszuschauen. Sie vergessen, daß der Baum
Olympias der Olivenbaum war, aus dessen
Zweigen man den Olympioniken die Sieger-
kränze flocht.

Die Spiele selbst sollen als Opfer an die Götter
veranstaltet worden sein. Aber man feierte doch
auch etwas mit diesen Spielen – nur was?

Die Antwort gibt wieder einmal der Himmel.

Man muß wissen, daß das Jahr 365 Tage hat.
Dieser Kalender ist schon uralt. Am Himmel jedoch zählt das Jahr 364$\frac{1}{4}$ Tage. Das Jahr wird
nach dem scheinbaren Sonnenlauf eingeteilt. (In
Wahrheit wandelt die Erde um den Fixstern
Sonne, aber es sieht nun einmal von der Erde so
aus, als würde die Sonne am Himmel wandern.)
Nach 365 Tagen kommt sie wieder zu ihrem Ausgangspunkt zurück, der Stelle, an der die Sonne   *Links:*
bei der Frühjahrs-Tagundnachtgleiche morgens   *Der Götterbote*
aufgeht.   *Hermes, der mensch-*
                                                                          lichste aller Götter

Die Sonne erreicht aber diesen Punkt schon sechs Stunden oder einen Vierteltag früher, sie geht dem bürgerlichen Kalender um sechs Stunden jährlich voraus. In zwei Jahren ist das ein halber Tag, in drei Jahren ein Dreivierteltag und in vier Jahren ein ganzer Tag.

Deswegen schob man alle vier Jahre – bis heute – einen Schalttag ein, um den Kalender wieder mit dem Sonnenstand in Übereinstimmung zu bringen. Das wurde schon lange so gehandhabt und in der Geschichte zweimal korrigiert: durch die jeweilige Einführung des »julianischen« und des »gregorianischen« Kalenders (einmal von Cäsar, einmal von Papst Gregor).

Gefeiert wurde also der Gleichklang mit dem Himmel, der alle vier Jahre erfolgt. Daß es sich wirklich um eine Harmonie mit dem Himmel handelt, beweist noch die Tatsache, daß dieses Fest immer im Sommer stattfand, wenn die Sonne ihren höchsten Jahresstand erreicht hatte und Vollmond war.

Hier in Olympia, wo auch die größten Tempel der beiden Gottheiten standen, feierte man also zugleich die höhere Sonne, nämlich Zeus, und den Vollmond Hera.

Warum wird Zeus als höhere Sonne bezeichnet? Der Jahressonnenlauf wird in zwölf Teile, das heißt Monate, eingeteilt, weil ein Sonnenlauf durch den Tierkreis etwa zwölf Mondläufen durch ebendiesen Kreis entspricht. Die Sonne beherrscht den Mond. Jupiter, das heißt Zeus, benötigt nun wiederum zwölf Jahre, um durch den Tierkreis zu wandeln, den wir als Meßkreis ansehen, während die Sonne dies scheinbar in zwölf Monaten tut. So beherrscht Jupiter/Zeus die Sonne.

Das Fest war also eine Ehrung des Zeus, und damit der Sonne und des Mondes, folglich wurde auch Hera gefeiert.

Erkennbar ist dies ferner auch daran, daß die Zeitrechnung der Griechen mit dem Jahr 776 v. Chr., mit den ersten Olympischen Spielen, begann. Sie hatten ihren Sonnenkalender gefunden und richteten danach ihr Leben ein.

Ursprünglich dauerten die Spiele nur einen einzigen Tag und wurden am Tag des Vollmondes abgehalten. Nur eine Disziplin war zu absolvieren, ein einfacher Stadionlauf. Erst ab dem Jahr 472 vor Chr. wurden die Olympischen Spiele auf fünf Tage ausgedehnt, wobei der erste Tag dem Götteropfer geweiht war. Anschließend traten die Athleten zum klassischen Fünfkampf, dem Penthalon, an. Auf ein Gesetz wurde sehr geachtet. Es mußte Frieden herrschen. Stadtstaaten oder Völker, die sich nicht daran hielten, durften an den Spielen nicht teilnehmen.

Kriegführenden Völkern wurde die Teilnahme an den Spielen untersagt

Bald aber ging es schon nicht mehr darum, den Göttern zu beweisen, wie sehr man in ihrem Sinne lebte, sondern der persönliche Ruhm, der Erfolg für die Heimat, für den Staat rückte an die erste Stelle. Nun kämpften die Teilnehmer – allen voran die Spartaner – mehr für das Ansehen ihres Volkes und den persönlichen Glanz, weswegen dann auch die ersten Entgleisungen zu bemerken waren. Aber dies hielt die Zuschauer (es waren nur Männer; Frauen durften unter Androhung der Todesstrafe nicht zuschauen, sicher weil Kämpfer und Betreuer völlig entblößt waren) nicht davon ab, die Spiele zu besuchen, auch nicht, als es bei Kampfsportarten wie Ringen die ersten Toten gab. Die Spiele waren schon recht brutal. Nur den Gegner zu beißen oder ihm beide Augen auszudrücken, war verboten.

Vom Ursprung der religiösen Ausrichtung hatten sich die Spiele meilenweit entfernt. Das Vergnügen war wichtiger, und während der Spiele herrschte in und um Olympia eine wahre Volksfeststimmung. Der eigentliche Sinn aber war vergessen. Die Spiele hatten sich den Göttern entzogen.

Kehren wir wieder zu den Göttern zurück!

Die Priester haben für das Heiligtum in Olympia einen prachtvollen Ort ausgesucht, obwohl er abseits der Verkehrswege liegt. Selbstver-

Der Tempel Olympias ständlich ist jedoch Wasser da, denn wo der kleinere Kladeosfluß in den größten Fluß des Peloponnes, den Alpheios mündet, stehen im Mündungsdelta die Tempel, die vom Kronoshügel beschützt werden. Olympia liegt in einer der üppigsten und fruchtbarsten Gegenden von ganz Griechenland: Man sieht saftiges Grün, es gibt viele Früchte, und es regnet hier sogar verhältnismäßig oft. Und doch: Irgend etwas muß die allerhöchste Gottheit erzürnt haben, denn die Heiligtümer wurden mehrmals zerstört. Einmal auf Befehl eines christlichen Kaisers, dann durch Erdbeben. Esoteriker, die an eine höhere Gerechtigkeit glauben, könnten zu der Ansicht gelangen, die ihrem Ursprung entfremdeten Olympischen Spiele wären daran ein wenig mitschuldig.

Sicher ist jedoch auch, daß die Heiligtümer der Dorier nicht die ersten waren, die hier aufgerichtet wurden.

Die Gesamtanlage ist außergewöhnlich großzügig, die weite Ebene bot genügend Platz für jede Ausbreitung. Gleich am Eingang sieht man rechts den ehemaligen Standort des Gymnasions, der Übungsanlage für die Olympischen Spiele, die den Athleten dreißig Tage vor Beginn der Wettkämpfe zur Verfügung stand. Heute ist davon nicht mehr viel erhalten, auch nicht von der anschließenden Palästra, in der die Kampfsportarten trainiert wurden. Rechts gegenüber steht dann der Tempel der Hera, das heute eindrucksvollste Bauwerk von Olympia.

Das Heraion, wie es auch genannt wird, wurde etwa 600 v. Chr. errichtet. Man darf annehmen, daß hier auch schon vorher ein Tempel für die Gattin und Schwester des Zeus stand. Spuren davon können kaum vorhanden sein, weil die ersten Tempel aus Holz gefertigt wurden, wie auch dieses Heiligtum zum größten Teil aus Holz gebaut war.

Immerhin ist es eines der ältesten, die in Griechenland errichtet wurden. Vor dem Heraion

Heiligtum der Hera, der Gattin und Schwester des Zeus

wird heute noch (seit 1936) durch Sonnenein-
strahlung das Olympische Feuer entfacht und in
die Welt hinausgetragen.

Es ist merkwürdig, und das hat etwas mit Orten zu tun, an denen eine gewisse magische
Kraft zu spüren ist, daß die Menschen immer
wieder, und meist sogar unfreiwillig, zu ihren alten Göttern zurückfinden, hier zur Sonne (den
heißen Sonnenstrahlen) und zum Mond (dem
Heratempel).

Hera kommt in den Mythen vordergründig
nicht gut weg. Sie wird als böse, eifersüchtige
Frau beschrieben, die kleinlich die Abenteuer ihres Gatten Zeus überwacht. Sie verfolgt alle, die
dem Zeus ein Kind geboren haben, mit ihrer Rache, ohne je zu verzeihen. Wenn wir bedenken,
daß zunächst, vor den Griechen, deren Heiligtümer wir besuchen, die Muttergöttinnen weit ein-
flußreicher waren als die Vatergottheiten, dann
zeigt sich doch hier ein großer Wandel, der sicher
mit dem Wechsel vom einstigen Matriarchat zum
Patriarchat verknüpft sein muß.

**Hera – Beschüt-
zerin familiärer
Harmonie**

Heute erleben wir am Ausgang des zweiten
Jahrtausends nach der Zeitwende und mit dem
Beginn des dritten Jahrtausends so einen Wandel auch wieder – nur in umgekehrter Richtung,
da jetzt die Frauen an die Macht wollen und wohl
auch kommen.

Hera trägt in sich das Erbe der alten Muttergöttinnen, die von Babylon über Ägypten bis hinein
nach Europa wie überall auf der ganzen Welt nur
die eine Sorge hatten: Wie überleben wir, wie die
Kinder dieser Erde?

Als etwa die etwas amazonenhafte Jagdgöttin
Artemis in den Trojanischen Krieg eingreifen
wollte, nahm ihr Hera die Waffen fort, verpaßte

ihr eine Ohrfeige und lachte sie aus (nach Homer). Die Mütter hatten immer diesen Kampf zu bestehen, der viel schwerer zu bewältigen ist als die Auseinandersetzungen der Männer.

Auch in der christlichen Religion haben wir es in der Geschichte erlebt, daß die Weiblichkeit, die Muttergöttin Maria, lange Zeit aus den Gotteshäusern und den Predigten verbannt war. Erst als der Wille der Gläubigen zu stark wurde und die Kirche in Gefahr geriet, ihre Gemeinde zu verlieren, weil diese sich trotz aller Strafen andere Muttergottheiten suchen wollte, lenkte sie ein und öffnete der Maria wieder ihre Türen. Die Pforten der protestantischen Kirchen blieben jedoch bis heute einer weiblichen Gottheit verschlossen.

Hera konnte man damals nicht so abrupt aussperren, aber sie errang nie die gläubige Bedeutung, wie sie etwa Isis stets in Ägypten innehatte.

Liest man die alten Mythen genau, dann versteht man zwischen den Zeilen, wie sehr Hera für das Leben kämpft, wie sehr sie für eine – man möchte sagen – Familienordnung war. Mit diesem Standpunkt machte sie sich jedoch nacheinander Feindinnen oder Feinde. Ihre Priester und Priesterinnen waren dem vordringenden männlichen Bewußtsein in der Tempelhierarchie nicht gewachsen.

So wurde Hera sogar manchmal zur Bestie, was besonders – wie geschildert – Dionysos erfahren und erleiden mußte.

Der Kampf zwischen Sonne (Patriarchat) als der obersten Gottheit der Lichter am Himmel und Mond (Matriarchat) spiegelt sich – wie erwähnt – mit am deutlichsten in der Auseinandersetzung zwischen Hera (Mond) und Herakles wider. Hier wird praktisch in den Mythen festgehalten, daß sich ein religiöser Wandel vollzog. In der Tat ist es ja ein ungeheurer Unterschied, ob das Licht der Nacht oder das des Tages als wichtigste himmlische Leuchtquelle nicht nur angesehen, sondern auch angebetet wird.

Hieraus erklärt sich auch die starke Position der Männer, die sich im antiken Griechenland praktisch alles leisten konnten. Von den Frauen ist nicht soviel zu hören, am meisten noch im Zusammenhang mit dem Fluch der Atriden (Seite 103 ff.) oder in den Berichten über Ödipus.

Eine kleine Episode (etwas herausgerissen aus den Epen der Argonautenfahrt) macht dies alles recht deutlich:

Iason – der Mann mit nur einer Sandale

Iason – mit nur einer Sandale bekleidet – forderte von Pelias sein Königreich zurück. Pelias, gewarnt, weil ihm prophezeit worden war, sich vor einem Mann mit nur einer Sandale zu hüten, lehnte ab. Er wußte aber nicht, daß Iason unter göttlichem Schutz stand. Wie kam das? Iason hatte auf der Reise zu Pelias an einem Fluß eine alte Frau ans andere Ufer hinübergetragen. Erst danach (man möchte an die Christophoruslegende denken) entdeckte Iason, daß die alte Frau Hera war. Hera half ihm nun, weil sie Pelias zürnte, da dieser es versäumt hatte, ihr die bis dato üblichen Opfer zu bringen.

Hier wird der langsame Abfall von der Göttin Hera deutlich, und man möchte meinen, auch ihr verzweifelter Kampf gegen den Verfall ihrer Macht.

Aber wie es sogenannte berühmte Treppenwitze der Weltgeschichte gibt, so kommen die auch in den Mythen vor, denn Hera bekämpfte

Herakles, und dabei bedeutete die Übersetzung des Namens Herakles nichts anderes als »Ruhm der Hera«. So mag man den Widerstand der Hera gegen Herakles auch so auslegen, als wollte sie ihn prüfen und zu immer größeren Taten anspornen. Sie war lieber eine strenge als eine nachsichtige Göttin. Damit schließt sich der Kreis, denn auch in Olympia ging es um die Leistung, die als Weiheopfer den Göttern dargebracht wurde.

Hera sehen wir auf Reliefs und als Statue oft in mütterlicher, etwas matronenhafter Pose dargestellt. Doch hat Zeus sie durchaus besitzen wollen, und der war bekannt für seinen guten Geschmack. Man vergesse auch nicht, daß sich Hera beim Apfelwettbewerb um die Schönste im Land mit Aphrodite und Athene auf die gleiche Stufe stellte und Paris die Wahl schwerfiel. In den Mythen wird sie dann wieder etwas boshaft behandelt: Sie berichten, daß Hera, um Zeus zu gefallen, doch manchmal den Gürtel der Aphrodite benutzen würde.

Die Mythen und Legenden um Hera

Wie dem auch sei, Hera sorgte für Ordnung, und es ist nicht auszudenken, was im Olymp los gewesen wäre, gäbe es sie nicht. Einmal stritten sich Zeus und Hera, wer denn bei der intimen Liebe mehr empfinden würde: die Frau oder der Mann. Da sie sich nicht einigen konnten, sollte der weise Seher Teiresias der Schiedsrichter sein. Der meinte: »Für die Frau ist es zehnmal so schön wie für den Mann!« Hera, erbost über diese Antwort, blendete Teiresias. Sozusagen als Entschädigung schenkte ihm Zeus prophetische Kräfte!

Damit kommen wir zum größten Tempel des Zeus in Griechenland. Es mag ausgleichende Gerechtigkeit sein, daß er heute längst nicht so ein-

Die von Zeus so oft betrogene Hera

drucksvoll wirkt wie der Tempel der Hera. Es fällt schwer, sich vorzustellen, wie er einmal ausgesehen haben mag. Die Ausrichtung von sechs zu dreizehn Säulen an der Breit- und Längsseite entsprach dem Grundriß dorischer Heiligtümer. Wir wissen außerdem, daß diese Tempel früher weiß und leuchtend bunt waren, somit auch weithin sichtbar. Von der Statue des Zeus in der

Cella ist nichts mehr geblieben. Wir erfahren von ihrer Pracht nur aus überlieferten Berichten.

Zeus ist ein rein griechischer Gott, aber seine Macht reichte weit über die Grenzen seines Landes hinaus. Er war für die Griechen Erde und Himmel und Luft zugleich. Er war die göttliche Verkörperung des Alls, ja, man kann sagen, er galt als der Schöpfer. Es gibt Mythen, die besagen, daß Zeus die Menschen direkt aus der Erde erschuf. Hier wären die Überlieferungen der Bibel gar nicht mehr so fern.

Zeus liebte das Schöne, egal wo es auftrat. So raubte er etwa den trojanischen Prinzen Ganymed. Um ihn in seiner Nähe zu wissen und sich an seinem Anblick zu erfreuen, machte er ihn zum Mundschenk der Götter. Und er trat – trotz allem, möchte man sagen, wenn wir das bisher Erzählte bedenken – für Hera ein. Als Poseidon Hera Argos wegnehmen wollte, ernannte Zeus drei Richter – es waren Flußgötter –, die über den Besitz von Argos entscheiden sollten. Die sprachen das Land Hera zu. Daraufhin ließ Poseidon voller Zorn die Flüsse dieser Götter versiegen (eine Erklärung für den sommerlichen Wassermangel).

Warum die Flüsse sommers versiegen

Eine weitere außereheliche Beziehung erläutert das bei allem doch sehr enge Verhältnis und Zusammenspiel von Zeus und Hera.

Selene (auch eine Mondgöttin), die Schwester des Helios (Sonne), fährt wie dieser mit einem – allerdings weißen – Gespann über den Himmel, das nur des Nachts zu sehen ist. Zeus hatte auch mit ihr eine intime Begegnung, und aus dieser Bindung wurde der Nemeische Löwe geboren. (Hier liegt also noch einmal der klare Hinweis vor, daß wir – treten Löwen auf – es nicht deswegen mit Löwen zu tun haben, weil diese Tiere damals auch in dieser Gegend lebten. Sonst müßten ja auch andere Tiere, die hier hausten, in die Legenden Eingang finden. Die heute leider kopflosen Löwen von Mykene waren eben deshalb himmlische Symbole.)

Die Verkettung ist jedoch, daß der Nemeische Löwe, Kind des Zeus, der erste Gegner von Herakles war. Zeus schickte also einen Teil von sich in den Kampf, den Hera immer wieder gegen Herakles anzettelte. Man sollte nämlich beachten, daß bei dem bunten Leben, das Zeus führte, eines nicht untergehen darf: sein tiefer Sinn für Gerechtigkeit.

Zeus – Richter und oberster der Olympischen

Zeus wurde immer wieder gebeten, schwierigste Streitfälle zu lösen und zu schlichten. Archetypisch erkennen wir in ihm das Streben nach sinnvoller Gerechtigkeit.

Zeus straft – als einziger Gott – mit den Kräften des Himmels, mit Donner und Blitz. Keinem anderen Olympier stehen diese Mittel zur Verfügung. Zeus ist folglich das Symbol für die große Gerechtigkeit, auch wenn es heißt – oder gerade deswegen –, daß »dem Ochsen nicht erlaubt ist, was dem Jupiter (Zeus) geziemt«.

Zwar haben die Römer diesen Spruch geprägt – *Quod licet Jovi non licet Bovi* –, aber auch den Griechen wird er nicht unbekannt gewesen sein. Hier handelt es sich um die Erkenntnis, daß der Mensch eben doch kein Gott ist und – von seiner Herkunft her – den Ochsen vielleicht näher steht als den Göttern.

Zeus steht also als Symbol der Gerechtigkeit, der Sinnsuche, und dann noch als Symbol für eine Eigenschaft, über die auf der Erde kein anderes Lebewesen verfügt: nämlich lachen zu

Die Reste des großen Zeustempels

können. Das »joviale« Lachen, das Größe und auch Selbstkritik beinhaltet, kommt von Zeus. Humor hat nur der, der über sich lachen kann.

Im Museum von Olympia werden wir dann noch einmal der Größe und Würde des Zeustempels gewahr. Glanzstück ist nämlich der Ostgiebel des Heiligtums. Er erzählt bildlich die Mythe, die wir von Mykene kennen, mit Pelops als Hauptakteur, der Mann, der uns immer noch nicht verlassen wird. In der Mitte steht Zeus, alle überragend.

Wichtig für uns ist, daß in dem Bildwerk auch ein Seher, ein Prophet, damit ein Wahrsager (also jemand, der die Wahrheit sagt) an der Seite der Götter und Könige sitzen darf.

Sehenswert die Skulptur, da Zeus Ganymed entführt, und der Hermes von Praxiteles, der den Dionysos trägt.

Für den Autor überragt jedoch alles der Apollon vom (oder im) Westgiebel des Zeustempels, der Frieden gebietend, majestätisch und würdig, wahrhaft göttlich wirkt.

Wenden wir uns nun ihm zu, ihm, der das Licht, die Magie, die Kunst und die Welt der Orakel sowie vieles mehr beherrscht.

Der Fluch, der nach Delphi führt – Theben

Wer von Athen oder Korinth nach Delphi fährt, der kommt an Theben vorbei, ehemals eine der mächtigsten Städte der Provinz Böotien. Über Theben schrieb einst der griechische Dichter des 8. Jahrhunderts v. Chr., Hesiod: »Übel im Winter, beschwerlich im Sommer und niemals erfreulich.« Heute wirkt (und ist) dieser Ort bedeutungslos. Selbst die Touristenbusse lassen ihn links liegen, und wer in Theben den Spuren der Antike nachjagen will, der wird schwer enttäuscht werden, denn er findet nichts.

In der Schule haben wir gehört, daß eine Sphinx, die auf einem Felsen hockte, Theben im Würgegriff hielt. Das Ungeheuer wollte den Menschen durch die Gefahr des Todes zur Hellsichtigkeit führen. Es stellte den Menschen ein Rätsel, und wer es nicht lösen konnte, war des Todes.

Die thebanische Sphinx

Aber die Sphinx verlangte von Theben noch weitere Opfer, denn auf der Stadt lastete ein böser Fluch. Wer durch Theben fährt, kann sich, sieht er die (heute meist bebauten) Hügel, durchaus vorstellen, daß die Stadt einst von einem der damals noch unbewachsenen Felsen aus beherrscht werden konnte.

Der Fluch, der über Theben lag, geht nicht, wie in Mykene, auf das Verhalten von Göttern zurück, sondern betrifft allein Menschen – wenn auch Götter immer im Hintergrund mitwirken. Er wurde vom Herrscher Thebens, von König Laios, ausgelöst. Laios hatte sich in den Sohn von Pelops verliebt und diesen ver- und entführt. Darauf verfluchte ihn Pelops mit Billigung des Apollon, der durch sein Orakel in Delphi verkünden ließ, daß Laios von der Hand seines Kindes sterben würde, wenn er einen Sohn zeugte. Dreimal warnte das Orakel und fügte noch hinzu, Theben könne nur gerettet werden, wenn Laios kinderlos bliebe. Die Strafe war zunächst einfach: Weil Laios seine Triebe nicht im Zaum gehalten hatte, mußte er nun allen Trieben entsagen. Dieses Orakel erschreckte Laios und

Seher hatten ihren Platz an der Seite von Göttern und Königen

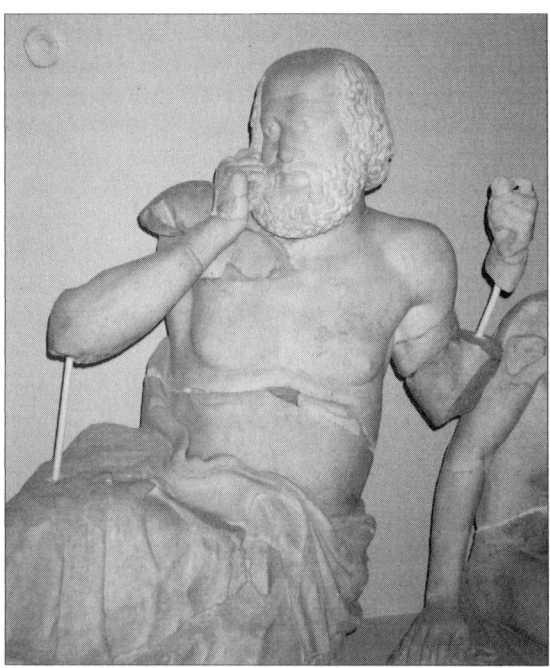

seine Frau Iokaste. Aber nach einiger Zeit konnten sie sich vielleicht nicht beherrschen, oder sie hofften auf eine Tochter. Als Laios und Iokaste jedenfalls feststellen mußten, daß sie einen Sohn bekommen hatten, durchstachen sie ihm die Füße und übergaben das Kind einem Diener, damit er es im Walde aussetze. Die durchstochenen Füße schwollen an und gaben dem Kind seinen Namen: Ödipus*, was Schwellfuß heißt.

Ödipus war also als Kind bereits mit einer **Das Leben eines** Schuld belastet, für die er im Grunde keine Ver- **tragischen Helden** antwortung hatte. Auch hier wird deutlich: Das Erbe der vorherigen Generationen muß von den Menschen bis zur Schlußsühne mitgetragen werden.

Zunächst schien jedoch alles glänzend zu verlaufen. Der Diener hatte Mitleid mit dem Kind und übergab es Hirten. Diese wiederum brachten es zum König von Korinth, Polybos. Polybos und seine Frau Merope waren kinderlos, so zogen sie den Knaben wie ihren eigenen Sohn auf. Die Kindheit von Ödipus verlief glücklich. Als er größer war, erfuhr er durch einen (angeblich) angetrunkenen Korinther, daß er gar nicht der Sohn des korinthischen Herrscherpaares war.

Zwar versuchten beide ihn zu beruhigen, aber ihre Antwort reichte ihm nicht. Er machte sich auf, um in Delphi das Orakel über sein weiteres Schicksal zu befragen.

Nur wenig später beschloß auch sein wahrer Vater Laios, heimlich nach Delphi zu gehen. Er wollte Auskunft darüber, wie er Theben von der Plage der Sphinx befreien könne.

Zuerst kam Ödipus in Delphi an. Die Antwort des Orakels war niederschmetternd und scheinbar unverständlich. Verkündet wurde: Ödipus   * auch Oidipus werde seinen Vater morden und seine Mutter ehelichen. In Panik rannte Ödipus von dannen. Nicht nach Hause, nach Korinth, sondern in die entgegengesetzte Richtung. Vorher irrte er noch in den Wäldern und Bergen völlig verzweifelt umher.

Schließlich kam er an eine dreifache Wegkreuzung. Von der anderen Seite nahte ein königlicher Wagen mit einem kleinen Troß. Ödipus, noch überlegend, welchen Weg er einschlagen solle, wurde von einem Diener beiseite geschoben. Darüber war er, der sich innerlich sowieso hin und her geschoben fühlte, so erbost, daß er den Diener und den Herrn, der seinem Diener zu Hilfe kam, erschlug. Natürlich war der Vornehme Laios, sein echter Vater!

Der Fluch der Tragödie Das Orakel hatte bereits wahrgesprochen, ohne daß Ödipus das wußte. Der Fluch der Tragödie nahm seinen Lauf.

Immer noch völlig aufgewühlt, kam er nach Theben. Hier hielt man inzwischen den König Laios für verschollen. Derweil hatte Kreon das Zepter übernommen und ließ verkünden, wer die Stadt von der Sphinx befreie, der solle König von Theben sowie Gemahl der Iokaste werden. Kreon war Iokastes Bruder.

Ödipus kletterte mutig zum Ungeheuer hinauf und beantwortete die Frage, was das für ein Wesen sei, das des Morgens auf vier, des Mittags auf zwei, aber des Abends auf drei Beinen einhergehe, mit der Antwort: »Der Mensch, der sich als Kind auf allen vieren fortbewegt. In der Mitte des Lebens geht er aufrecht auf zwei Beinen, im Alter braucht er (als drittes Bein) den Stock als Stütze.« Damit hatte die Sphinx ihre Schuldigkeit getan, sie stürzte sich vom Felsen. Ihre Aufgabe war es nur gewesen, den Menschen die Augen zu öffnen, daß alles, was den Menschen bedrückt oder erfreut, allein von ihm selbst kommt. Doch trotz der richtigen Lösung wurde dieses Rätsel, das auf ein altes kosmisches Rätsel aus Ägypten zurückgeht, bis heute nicht richtig gedeutet (siehe Seite 197).

Ödipus aber hatte Theben von der Sphinx befreit, er erhielt die Königswürde von Theben, bekam Iokaste zur Gemahlin und erlebte in der Folge eine glückliche Zeit. Er ahnte nichts von der Tragödie, daß er durch die Hochzeit mit Iokaste seine Mutter geehelicht hatte und so den Orakelspruch von Delphi bereits erfüllte.

Doch nach einer gewissen Zeit kam eine neue Plage über Theben. Die Pest zog in die Stadt. Als dies zur völligen Unfruchtbarkeit führte und alles Leben zu sterben drohte, schickte Ödipus Kreon nach Delphi, um noch einmal Rat zu erbitten. **Die Pest, Ausgeburt des Fluches**

Kreon kam mit der Auskunft zurück, die er vor dem ganzen Volk laut verkündete: daß Theben erst dann von allen Plagen befreit würde, wenn der Mord an König Laios, dessen Leichnam inzwischen entdeckt worden war, gerächt sei. Ödipus schwor nun einen heiligen Eid, daß er selbst nicht ruhen würde, bis der Mörder gefaßt und bestraft wäre. Dieser Mord müsse gesühnt werden.

Er schwor diesen Eid nicht nur als König von Theben, sondern auch als König von Korinth, dessen Königswürde ihm nach dem Tod von Polybos angetragen worden war.

Der Bote, der ihm die Nachricht von der Wahl brachte, versicherte ihm dabei gleichzeitig, daß er, Ödipus, nicht der wahre Sohn von Polybos und Merope war. Jetzt vielleicht erst ahnte Ödipus etwas von der Tragödie, die an ihm haftete und begonnen hatte, bevor er geboren war.

Langsam dämmert eine fürchterliche Erkenntnis

Er beschloß, sich um seine Herkunft zu kümmern. Er sammelte alle alten Aussagen und Gerüchte sowie die Orakelsprüche von Delphi. Aber noch hielt er alles für eine Intrige seines Schwagers Kreon! Um den Stier bei den Hörnern zu packen, befragte er auch Iokaste, seine Frau.

Diese versuchte ihm den aufkeimenden Verdacht auszureden und meinte, alle Sprüche des Orakels seien falsch, denn habe das Orakel nicht verkündet, daß Laios auf einer Wegscheide von einem zufällig vorbeikommenden Fremden getötet werden würde?

Immer mehr wurde Ödipus nun einsichtig. Er suchte und brachte den Diener, der das Kind ausgesetzt hatte, zum Reden. Dieser wußte aber nicht mehr zu sagen, als daß das Kind zerstochene und dadurch geschwollene Füße gehabt hätte.

In diesem Moment erkannte Ödipus die Wahrheit, die er bisher nicht sehen wollte, weil er sich von Äußerlichkeiten blenden ließ. Die Konsequenz: Er nahm sich selbst das Augenlicht, um unabgelenkt von Äußerem, sein Inneres zu erforschen. Delphi hatte wahrgesprochen, die Tragödie mit der Wahrheit bis zum bitteren Ende getrieben. Der Fluch war nun erfüllt.

Wer also auf der Fahrt nach Delphi ist, der biege von der Umgehungsstraße, die gebaut wurde, damit die Touristen schneller um Theben herumfahren können, doch vielleicht ab, um in Theben die Hügel zu sehen, auf denen die Frage nach dem Menschen gestellt und doch nur oberflächlich beantwortet wurde.

Noch wichtiger aber wäre, an der Wegscheide
anzuhalten, an der Ödipus seinen Vater Laios,
wie von Dämonen getrieben, ermordete. Die **Die Kreuzung des**
Stelle liegt am Weg zum berühmten *Hosios Lukas*. **Schicksals**
Selbstverständlich ist dies nicht mehr die alte
Kreuzung, aber magische Orte verharrten in ihrem Zustand, auch wenn sie mehrmals verändert wurden. Hier ein wenig anzuhalten und
über die Tragödie durch Generationen hindurch
nachzudenken, läßt manchen vielleicht ahnen, *Die berühmte*
daß unser Leben schon weit vor der Geburt *Wegkreuzung der*
Ödipussage

(mit)bestimmt ist. Ödipus hatte ja so gut wie keine Schuld auf sich geladen. Er wurde immer nur getrieben. Als er Klarheit wollte und Delphi besuchte, wurde sie ihm zwar zuteil, aber er war noch nicht reif genug, sie zu verarbeiten, um sie zu verstehen. Er war nur verschreckt, verstört, verwirrt. Er irrte umher, anstatt anzuhalten und sich zu besinnen. Hier liegt seine eigene Schuld.

In der inneren Aufgeregtheit erschlug er dann Laios, der nichts anderes wollte, als auch in Delphi Klarheit zu finden. Vielleicht hätten sich beide in Delphi unter anderen Umständen getroffen, und Laios hätte die Sühne allein auf sich und Iokaste genommen. So wäre die Tragödie vielleicht sanfter mit Ödipus umgegangen, der Fluch hätte ihn nicht mit ganzer Kraft erdrückt.

Der Segen, der von Delphi kommt – Delphi

Delphi ist der Höhepunkt jeder magischen Reise nach Griechenland. Viele Orte – auch hier beschriebene – mag man auslassen, Delphi jedoch bitte nicht. Ohne Delphi ist die magische Kraft des klassischen Griechenland kaum verstehbar.

Das berühmteste Orakel aller Zeiten und der ganzen Welt war ohne Zweifel das von Delphi. Ein Ort, an dem es weniger um die Vorhersage der Zukunft ging, sondern an dem Selbsterkenntnis, Erfahrung, Reife, Sinnsuche im Vordergrund standen.

In Delphi liegt die Wiege jeder Selbstbefragung, wenn auch andere dabei zu Rate gezogen werden. Delphi ist der Urgrund aller esoterisch-magischen Disziplinen, einschließlich der Astrologie. Dabei ist es uninteressant, daß es diese Disziplinen alle schon vorher gegeben hat. Erst ab Delphi haben sie ihre Vervollkommnung erreicht, haben sie ihren geistigen Gehalt bekommen, haben sie ihre Einweihung erfahren. **Die Wiege der Selbstbefragung**

Delphi war ein wichtiges Zentrum des griechischen Geisteslebens, aber auch ein Kirchenstaat, ein Pilgerort, und lange Zeit hindurch der wahre Mittelpunkt Griechenlands, folglich auch das Herz unserer abendländischen Kultur.

Bereits im 2. Jahrtausend v. Chr. befand sich hier auf einer Felsenterrasse am Südwesthang des olympischen Parnaß ein Heiligtum, das bis weit in die mykenische Zeit hinein als Wahrsagestätte galt. Das Heiligtum Delphi liegt in einer herben Gebirgslandschaft. Über der Tempelanlage erheben sich furchterregende Berge, von denen einst »die zum Tode Verurteilten« heruntergeworfen wurden. Delphi selbst ist auf dem Seeweg durch den Golf von Korinth erreichbar, doch die meisten Ratsuchenden und Pilger reisten auf dem Landweg von Attika her dorthin.

Wer über die Berge kam, der zog meist an Theben und dem Berg der Sphinx vorbei sowie an der berühmten Weggabelung, an der Ödipus seinen Vater Laios tötete. Wer diesen Weg kommt, der weiß schon etwas von der Macht des guten Orakels, dessen Sprüche wahr sind, die aber nicht blind befolgt werden dürfen.

Das Heiligtum ist schon von weitem sichtbar, denn es liegt auf einer Höhe von 500 bis 700 Metern, umrahmt von den dunklen Felsen der Phaidriaden, die bis 1000 Meter hoch ragen. Heute noch sollen (wenn auch seltener als früher) Königsadler oben am Bergkamm ihre Horste haben.

Inmitten einer magischen Landschaft: Delphi Gegenüber von Delphi zieht sich der langgestreckte Berg von Desphina hin und schließt die Berglandschaft ab, in deren tiefem Tal ein Wildbach rauscht. Es ist nicht unwichtig, all dies in sich aufzunehmen. Die Landschaft gehört zur Magie des Ortes, denn wie stets haben die Priester das Heiligtum nicht ohne Grund in solch einer Umgebung errichten lassen.

Egal von welcher Seite man kommt, erst einmal muß man nach oben steigen – wie zu einer Gottheit empor, auch wenn es am Ende etwas bergab geht.

Esoterisches, mythisches Wissen spielt da sicher eine bedeutende Rolle. Ausgangspunkt für jeden Himmelsblick ist und war die Erde. Tief aus der Erde heraus (der Welt der Schatten und der Schätze) muß der Himmel angebetet werden. Delphi war zudem stets ein Orakel der Mutter Erde.

Hier lebte zunächst eine Fruchtbarkeitsgöttin, welche die wahre Befruchtung vom Himmel erflehte. Sie warb um Sonne und Regen. Dieser mit Namen nicht bekannten Göttin folgte die Erdmutter »Ge« (die sicher mit Gaia identisch war), deren Priesterinnen jetzt bereits über einem Erdspalt Orakel spendeten.

Man kann wohl annehmen, daß ein derartiges Orakel mehr eine Art von Wettervorhersage und Anweisung für die Landwirtschaft war. Auch lag es nicht beim heutigen Heiligtum, sondern bei der Kastalischen Quelle.

Damit ist ein weiteres Element für die Lage gefunden, die Quelle, die aus der Tiefe eines Felsens entspringt: »Ge«, die Göttin, wurde besonders als Herrscherin der Schlangen verehrt, was auch deutlich auf eine Mondanbetung hinweist. Damit stammt die Orakelstätte noch aus der Zeit des Matriarchats.

Die Mythe vom delphischen Orakel

Einen weiteren Hinweis dafür gibt uns die Überlieferung, nach der hier ein weiblicher Drache (Drakina), auch als Tochter der »Ge« oder »Gaia« bezeichnet, an der Quelle hauste und sie mitbewachte.

Hera – die Mond-Muttergöttin – vertraute nun diesem weiblichen Wesen die Erziehung des Typhon an, weil er grausam und wild war. Gaia hatte diesen geflügelten Schlangenmenschen hervorgebracht, der so furchterregend war, daß er alle Olympier in Angst und Schrecken versetzte. Schließlich besiegte Zeus Typhon. Hera wollte ihn zähmen und wählte sich dafür die Drakina, die ihm nicht unähnlich war. Böse Taten wurden seitdem von Typhon nicht mehr gemeldet. Hier lebten also wilde Urkräfte, die gebändigt werden mußten. Ein Ort folglich mit ganz urzeitlicher Vergangenheit.

Nach einer größeren Zeitspanne – man kann annehmen, nachdem die Muttergöttin den Vatergöttern in der führenden Bedeutung weichen mußte – tauchte Apollon auf.

Ein Gott, der sich sehr schnell und früh entwickelte. Im Alter von vier Tagen verlangte er nach Waffen, die Hephaistos ihm prompt besorgte. Er wollte die Schlange Python töten. Seine Mutter war durch dieses Untier – von Hera angestiftet – umgekommen. (Hera hatte natürlich Grund für ihren Zorn!).

Die Pythonschlange flüchtete in das alte Mutterheiligtum, das auch Hera, wie wir wissen, vertraut war. Apollon verfolgte das Reptil, das er im heutigen heiligen Bezirk besiegte und tötete, dort, wo dann sein Tempel errichtet wurde. Mit dem Sieg über die Python, damit über Hera, übernahm Apollon das alte Erd- und Mutterheiligtum.

Der Wechsel vom Mond- zum Sonnenkult Mit dem Machtwechsel vollzog sich nun auch der Wechsel vom Mondkult zum Sonnenkult. Aber einige Elemente des Mondkults blieben doch erhalten, so zum Beispiel behielt Apollon die Priesterinnen, die die Kunst des Wahrsagens beherrschten.

Zwar beschwerte sich die Mutter Erde (und sicher auch Hera) bei Zeus über die Tötung der Schlange, aber dieser verurteilte Apollon nur zu

einer Reinigungszeremonie, weil er den heiligen
Ort durch Tod entweiht hatte. Dann nahm Apollon seinen Wohnsitz in Delphi. Wieder eine andere Mythe erzählt, daß Apollon auf dem Rük-
ken eines Delphins den Golf von Korinth über-
quert habe und daß daher der Name Delphi gewählt wurde.

Apollon kam nicht unvorbereitet zu dieser alten, ehrwürdigen Orakelstätte. Der Gott Pan
hatte ihn die Prophezeiung gelehrt, die er aber
den Priesterinnen überließ, unter denen eine besonders herausragte: die Pythia. Der Begriff Pythia wurde weltweit bekannt, und später erhiel-
ten alle prophezeienden Priesterinnen diesen
Namen.

Immer mehr wuchs nun Delphi in den Rang eines wahrsagenden Heiligtums hinein. Wir lesen
bei Euripides:

»Auf heiligem Dreifuß auch sitzt **Die Pythia auf**
die Prophetin und singt dem Hellenischen Volk **dem Dreifuß**
die erhabenen Sprüche des Phoibos.«

Der heilige Baum ist der Lorbeerbaum. Die Sieger der Delphischen Spiele wurden mit Lorbeer-
kränzen gekrönt. Die Pythia jedoch soll Lorbeerblätter gekaut haben, um so für ihre Sprüche in-
spiriert zu werden. Einer dieser heiligen Bäume
stand im Allerheiligsten. Der Dreifuß, auf dem
die Pythia saß, war auch aus dem Holz von Lor-
beerbäumen geschaffen. Der Dreifuß – oder die
Zahl »Drei« dieses Sitzes – symbolisiert Vergangenheit, Gegenwart und die Zukunft. Dies besagt: Ohne Annehmen der Vergangenheit, ohne
Kenntnis der Gegenwart ist keine Zukunft zu gestalten.

Soviel zur Entstehungsgeschichte, die Voraussetzung war, daß Delphi als Nabel der Welt angesehen wurde, was weitere Gottheiten für das Orakel wichtig werden läßt.

Der Omphalos, ein eiförmig runder Stein, der vom Himmel gefallen war, symbolisierte im heiligen Raum die Nabelschnur und den Mittelpunkt der Erde.

Der oberste Gott des Olymps, Zeus, ließ zwei Adler von den beiden Enden der Welt aufsteigen. Damit sind der Ort des Sonnenaufgangs und der Ort des Sonnenuntergangs gemeint (für Astrologen heißt das vom Aszendent und vom Deszendent). Die beiden Adler trafen sich beim Stein am Nabel der Welt, damit beim Omphalos.

Der Omphalos, der symbolische Mittelpunkt der Welt

Esoterisch heißt dies: Der Mittelpunkt der Welt ist der Ort der Wahrheitssuche – ist das Orakel von Delphi, wo Wahrsagen bedeutet, die Wahrheit zu sagen.

Die Kraft des Wahrsagens wurde einst einer Erdspalte zugeschrieben, aus der Dämpfe aufstiegen, die Tiere betäuben, aber Menschen zur Inspiration anregen sollten. Diese Erdspalte ist nie gefunden worden, aber aus den Opferräumen des Tempels kamen gewisse Dämpfe und Gerüche hervor, die zu diesem Gerücht führten.

Nein, hier an diesem Ort spielte sich eine Art Selbstreinigung ab, an der die Priesterinnen und Priester ihren Anteil hatten. **Wie das Orakel befragt wurde** Viele Sprüche der Priesterinnen wurden zudem von erfahrenen Priestern übersetzt und den Fragenden vorgetragen. Das besondere Merkmal war die Weisheit dieser Aussagen. Immer wieder hieß es jedoch: Über die Antworten müsse nachgedacht werden, denn ohne das Sinnieren der Fragenden würden sie unverständlich klingen und somit keine Hilfe versprechen.

Das ist jedoch das Wesentliche an Delphi überhaupt, das beinhaltet die magische Kraft: Die Fragenden haben zu denken, zu hören und sich schließlich selbst zu entscheiden.

Für die angebliche Vieldeutigkeit der Sprüche einige wenige Beispiele:

Als der lydische König Kroisos gegen die Perser Krieg führen wollte, befragte er das Orakel. Der Spruch der Pythia lautete: »Wenn Kroisos den Fluß Alys überschreitet, wird er einen großen Staat zerstören.« Kroisos war über diese Aussage glücklich und begann siegessicher den Krieg. Er hatte den Spruch nicht bedacht, da er –

blind gegen sich – meinte, das persische Reich werde zerbrechen. Er opferte aber durch seine Niederlage sein eigenes großes Reich.

Spricht dies gegen das Orakel? Nein. Hätte Kroisos nur die Möglichkeit bedacht, daß auch sein Reich gemeint sein könnte, wäre er bestimmt vorsichtiger gewesen.

Welche Ratgeber erleben dies nicht täglich. Sie werden mißverstanden, falsch interpretiert, weil die Fragenden nur hören, was sie hören wollen.

Der Philosoph Heraklit hatte das Wesen des Sehertums in seiner ganzen Tiefe erfaßt, als er formulierte:

»Der Herr, dessen Orakelstätte in Delphi ist, sagt nichts und hehlt nichts, sondern er gibt Zeichen.«

Die Orakelsprüche setzen Zeichen Darum geht es. Zeichen zu setzen, die zum Denken anregen.

Später übersetzte man den Spruch mit: »Der Herr, dem das Orakel gehört, sagt nichts und verbirgt nichts, er deutet.« Und genau so ist die Interpretation falsch.

Zu deuten hat der Fragende selbst, der seine Selbständigkeit nie aufgeben darf. Dazu bedurfte es aber klarster Fragen. Nur eine präzise Aufarbeitung der Probleme, die zur klaren Frage führt, kann eine ebensolche Antwort erwarten lassen.

Als König Telephos – ein Sohn des Herakles – in einem Kampf mit Achilles verwundet wurde und diese Wunde nicht heilen wollte, eilte er nach Delphi und fragte das Orakel.

Die Antwort: Nur das könne die Wunde heilen, was sie auch geschlagen habe. Telephos ging in sich, dann wurde er sich darüber klar, daß man seinem Feind auch verzeihen müsse,

und er machte sich auf zum Lager der Griechen,
wo er mit Achilles sprach. Achilles legte schließlich sein Schwert auf die Wunde, die nun heilte.

Das Orakel von Delphi wirkte also erziehe-
risch. Und so prägte es schließlich in seinen guten Jahren die Kultur ganz Griechenlands. Von
Delphi aus wurde Politik gemacht – Innen- wie
Außenpolitik. Das Orakel kämpfte gegen die
Blutrache und für viele Reformen. Es verbesserte
die Gerichtsbarkeit und versuchte auch den Sklaven und Unterdrückten zu helfen.

»Apollon« – so heißt es – »zeigt dem Menschen
seine Grenzen, damit er nicht zum Frevler
werde.«

Das Orakel arbeitete nicht täglich, und nicht
jeder durfte die Pythia befragen. Zuerst wurde
das Orakel nur jährlich am Geburtstag Apollons
befragt, und auch dann nur, wenn der Gott anwesend war. Später arbeitete es am Siebten jeden Monats, also an den kleinen Geburtstagen
des Apollon. Schließlich wurden in immer kür-
zeren Zeitspannen Antworten gegeben, der An-
drang war zu groß.

Versuchen wir einmal nachzuvollziehen, wie
sich so eine Befragung abspielte. Dabei lernen
wir die Heiligtümer kennen, und jeder Besucher
kann sich hiernach in die Rolle eines Fragenden,
eines Ratsuchenden hineinversetzen. Veranstal-
ten wir also eine kleine esoterische Führung.

Eines wissen wir: Wer nach Delphi ging, mußte
sich bereits daheim vorbereiten. Er mußte auch
einen Termin haben (es gab Bevorzugte und weniger Privilegierte) und seine Gedanken ordnen.
Er hatte das Alltägliche abzustreifen, sich nur auf
das Wesentliche zu konzentrieren.

Dieser heilige Rundbau ist das Symbol des Kosmos

Der Weg zum Orakel ist gleichzusetzen mit einem Einweihungsweg. Wer einmal bei der Pythia war, der ist verändert (Beispiel: Ödipus, der danach außer sich war).

Jeder Besucher – auch wenn er aus der Richtung des Golfs von Korinth kommt – beginne mit seinem Besuch an der Marmaria-Terrasse. Hier findet er die Tholos (den bekannten, meistfotografierten Rundbau mit den drei Säulen) und vor dieser die Fundamente des Tempels der Athene Pronaia. Das Wort Pronaia kommt vom Wort Pronaos, was Vorhalle heißt. Im Zusammenhang mit Athene bedeutet es eher soviel wie Vorbereitung bei der Göttin der Weisheit. Hier mußte das Opfer der inneren Reinigung gebracht werden. Hier hatten die Fragenden ihre Hast und Unruhe abzulegen, um ruhig und besonnen zu werden. Athene galt als Pronaia, als

Tempelwächterin, die am Eingang dieses großen Heiligtums verehrt wurde, wozu man ihr den Tempel errichtete. Ohne Weisheit zu Beginn keine Erkenntnis.

Nach dem Gebet am Altar wurde dann der Weg fortgesetzt. Er führte direkt zur benachbarten Tholos, der wohl schönsten in Griechenland.

Die Tholos ist ein Rundbau. Alle Rundbauten sind stets heilige Stätten, sie stellen das Heiligste im Tempel dar, das Symbol des Kosmos, der Sonne und des Mondes (Vollmond). Der Durchmesser des Rundbaus beträgt sieben Meter – sicher kein Zufall, wenn wir an die Wichtigkeit der Zahl »Sieben« denken. Ein heiliger Rundbau will die Einbindung in den Kosmos, das All versinnbildlichen. Hier also wird die Einweihung schon deutlich. Der Mensch begreift, daß er doch nicht der Mittelpunkt der Welt ist, obwohl er es meist sein möchte.

Es ist übrigens erwähnenswert, daß die Fragestellung an die Pythia auch stets ein finanzielles Opfer darstellte. Es mußte eine Steuer, die sogenannte Pelanos, bezahlt werden.

Hinter der weihevollen Tholos befindet sich etwas höher das Gymnasion, das mehr für die Teilnehmer an den Delphischen Festspielen im Stadion über dem Theater gedacht war, zu dem wir noch kommen. Von hier ist nun das Heiligtum des Apollon schon recht gut sichtbar. Der Fragende schaut – wie es sich gehört – nach oben. Bevor aber der Heilige Weg betreten wird, muß sich jeder zur heiligen Kastalischen Quelle wenden. Eine wichtige Regel in Delphi lautete: »Fremdling! Rein tritt in das Heiligtum des reinen Gottes, nachdem du deine Seele mit Quellwasser benetztest.« Die weltberühmte Quelle,

Rituelle Reinigung in der Kastalischen Quelle

die aus dem Felsen von Yampeia entspringt, galt als heiliges Wasser.

Nach einer Beschreibung des Euripides wissen wir, daß mit diesem Wasser der Apollontempel immer wieder gereinigt wurde, und daß sich hier auch alle im Heiligtum Beschäftigten wuschen – auch die Pythia, doch darauf kommen wir noch zurück.

Das Wasser sollte den Fragenden, die übrigens Theopropen genannt wurden, Weisheit geben. Auch dies eine weitere Stufe der Einweihung, um sie zur richtigen inneren Einstellung zu bringen, bevor sie mit lauter Stimme ihre Fragen stellten.

Heute noch strahlt der Ort etwas Feierliches aus. Die meisten Touristenbusse fahren an der Quelle vorbei, so ist selten mehr als ein halbes Dutzend Menschen hier. Man sollte sich also von seiner Gruppe lösen, vielleicht auf ein Essen verzichten, um sich möglichst vor der Besichtigung durch das Wasser etwas einweihen zu lassen.

Die Reinigung ist ein wesentliches Moment, damit das Orakel gut berät. Dies zielt im Grunde auf eine innere Waschung. Erst wenn man selbst eine Reinigung – das heißt eine Befragung des eigenen Gewissens – vorgenommen hat, ist man in der Lage, das Orakel richtig zu verstehen, denn es liefert nie Patentrezepte oder allgemeine Predigten von einer Kanzel (von welcher auch immer) für die Fragenden. Nur aktive Mitarbeit allein war gefragt! Die Vorbereitungen dauerten nicht nur Stunden, sondern Tage. Zum Orakel geht man nicht nur mal so nebenbei. Hier pilgert man hin, auch wenn man es nicht befragen will. Dann wird eben nur dem Apollon ein Opfer gebracht und an seinem Altar gebetet.

Im Apollontempel war der Sitz der Pythia

Von der Kastalischen Quelle führt nun der Weg zum Anfang der Heiligen Straße, wo heute das Kassenhäuschen steht.

Die Theopropen beschritten die Heilige Straße sicher etwas beklommen, denn es ging ja meist um eine Schicksalswende. Der heutige Trubel wirkt da etwas unheilig. Wer aber mag, der stelle sich während der Besichtigung der Heiligen Straße eine wichtige Frage. Es gibt durchaus Besucher, die, am Tempel angekommen (oder etwas später), ihre Antwort gefunden haben.

Am Eingang stand einst ein bronzener Stier, ein Weihegeschenk. Deren gab es viele, was auch durch die zahlreichen Schatzhäuser unterstrichen wird.

Wenn das Orakel richtig geraten und auch Gewinn oder Sieg gebracht hatte, dann wurde erwartet, daß die Betreffenden etwas für das Heiligtum stifteten. Der Wert der Stiftung soll etwa zehn Prozent des Gewinnes betragen haben.

Auch bei Fragen, die nichts mit materiellen Din-
gen zu tun hatten, wurden Gaben erwartet.
Dankbarkeit war das oberste Gebot.

Zeus sah Undankbarkeit als größte aller Sün-
den an, so wurde sie in Griechenland mit am här-
testen bestraft. Das Orakel (besser die Priester-
schaft) wußte ganz genau, wann nicht gedankt
wurde, und wir erfahren durch die Mythen, wie
ein von Delphi ausgehender Fluch wirken
konnte. Die Menschen damals wußten das sicher

Schatzhaus der
Athener

noch besser. Es gibt übrigens keine Berichte, daß jemand nicht gezahlt hätte! Längs der Heiligen Straße, die sich wie ein Gebirgspaß zum Tempel (und höher) hinaufwindet, waren also die reichen Gaben, die in kein Schatzhaus paßten, aufgestellt. So hieß dieser Weg auch die Straße der Geschenke. Hier standen Statuen von Apollon, von Nike, der Siegesgöttin, das Trojanische Pferd und vieles mehr.

Wir gehen weiter und an den Fundamenten der verschiedenen Schatzhäuser vorbei, wo die Landschaft karger, die Natur stiller wird. Das Schatzhaus der Athener ist – heute wiederhergestellt – gut erkennbar. Aus parischem Marmor gefertigt, bietet es ein Bild der Schönheit und Dankbarkeit. Es wurde nach der Schlacht bei Marathon errichtet, da nun die Perser endgültig auf ihrem Weg nach Europa aufgehalten worden waren. Das Schatzhaus – ein Weihehaus für Apollon.

Ausdruck der Dankbarkeit: Die Straße der Geschenke

Links neben dem Schatzhaus entdeckt man einen dreieckigen Platz. Hier fand sich – neben der Ausstellung der Kriegsbeute aus der Schlacht bei Marathon – eine große Inschrift, die lautete: »Die Athener dem Apollon aus der Marathonschlacht gegen die Meder.«

Weiter führt uns der Weg zum Sibyllenfelsen, wo die delphische Sibylle regierte. Auch die Sibyllen hatten stets – wie die Pythia – die Zukunft vorausgesagt. Der Höhepunkt ihres Einflusses lag jedoch mehr in der römischen Zeit, etwa zu Beginn des Christentums. Man denke nur an die Sibyllinischen Bücher, die heute im Vatikan verwahrt werden.

Aber die Sibyllen kamen aus Griechenland, aus Delphi. Berühmt ist die Sibylle von Cumae.

Als die Griechen Sizilien und die Stiefelspitze Italiens besiedelten, brachten sie ihre Sibyllen mit.

Apollo (der römische Name von Apollon) hatte der Sibylle so viele Lebensjahre versprochen, wie sie Sandkörner in ihrer Hand halten könne, jedoch ohne den Zusatz der ewigen Jugend. Die Sibylle lebte also fast ewig, aber körperlich schrumpfte sie so zusammen, daß sie Apollon schließlich um ihren Tod bat. Auch die nachdenklichen Sprüche brachten die Sibyllen aus Delphi mit; dazu ein Beispiel, weil es typisch ist wie kaum ein anderes. Ein Krieger fragte – bevor er in den Krieg zog – nach seinem Schicksal. Die Sibylle dachte nach und verkündete: »In den Krieg ziehen – kämpfen – sterben nicht – nach Hause kommen.«

Die Auslegung des Orakelspruchs Dies ist eine Version, eine andere könnte aber folgendermaßen formuliert werden, wobei kein Buchstabe verändert wird:

»In den Krieg ziehen – kämpfen – sterben – nicht nach Hause kommen.«

Es kommt auf die Pausen an. Aber das ist äußerlich. Der Krieger soll nachdenken. Die erste Version mit der Betonung auf den Worten »sterben nicht« kann übermütig und leichtsinnig machen.

Sie vermag aber auch dem Krieger eine gewisse innere Sicherheit verleihen. Die zweite Version »sterben – nicht nach Hause kommen« mag den Krieger eher fatalistisch stimmen. Wenn Sterben eine Ehre ist, dann wird dieser Krieger (etwa ein Spartaner) bis zum letzten Blutstropfen kämpfen, um im Jenseits als tapferer Held alle Ehren zu erfahren.

Der Krieger selbst also kann sich, soll sich entscheiden. Von dieser Entscheidung hängt es ab, wie er in eine Schlacht zieht. Er muß wissen, ob er nach Hause kommen oder in allen Ehren sterben will. Damit sind wir wirklich beim sinngerechten Kern des Orakels, der mit Wahrsagerei nichts zu tun hat.

In Delphi war einst – die Gründe sind kaum klärbar – die erste Sibylle, Herophyle, von den Phaidriaden heruntergestürzt. Wo sie einst saß, erkennt man noch heute eine ausgetrocknete Quelle, die zum Kastalischen Wasser gehörte. Hier stand später, auf einer hohen Säule thronend und drohend, die berühmteste griechische Sphinx, die heute noch im Museum zu Delphi zu betrachten ist: die Sphinx der Naxier.

Ihr Ursprung stammt aus Ägypten, wo sie allerdings männlich war. Das erwähnte Rätsel des Ödipus war ein altägyptisches Rätsel, das auf die Sonne hinweist. In einem altägyptischen Papyrus der 20. Dynastie (1171–1085 v. Chr.) lesen wir, was der Sonnengott von sich selbst sagt: »Ich bin Chepre am Morgen, Re am Mittag, Atum am Abend.« Das bedeutet: Chepre ist der **Das Rätsel der** Käfer, der Skarabäus, der die Sonne durch die **Sphinx** Nacht nach Osten zum Sonnenaufgang schiebt (Käfer hat viele Füße). Re erscheint als Mann auf der Höhe des Mittags (des Lebens), der aufrecht steht, wie auch die Sonne da ihre stärkste Kraft entwickelt. Atum ist der Sonnengott am Abend, da die Sonne als Greis untergeht. So zeigen auch viele Abbildungen Atum als einen vornübergebeugten Greis, der sich, auf einen Stab stützend, in einer Barke befindet, welche die für diesen Tag sterbende Sonne in die Nacht fährt.

Dieses Schema liegt dem Rätsel der thebanischen Sphinx zugrunde, doch in Ägypten war

noch die oberste, lebenspendende Gottheit gemeint. Die war zu erraten, denn von ihr hängt alles Leben ab. An ihr haben die Menschen das
Werden und Vergehen zu lernen. Erst wer dies
weiß und in sich aufnimmt, gestaltet sein Leben
im Sinne der Gottheiten folgerichtig. Wir haben
dies deswegen hier eingefügt, weil auch das Orakel von Delphi ein esoterisches Erbe hat, das jeder kennen muß, will er Delphi heute verstehen.

Die Sphinx symbolisiert darüber hinaus die
vier Elemente, die in der Esoterik wie in der
Astrologie eine wichtige Rolle spielen, ferner die
vier Jahreszeiten, was aber hier zu weit führen
würde. Interessant ist nur, daß die weibliche,
griechische Sphinx doch manche böse oder gar
furchterregende Eigenschaften verkörpert, als
hätten die Männer – nachdem sie sich von der
Herrschaft der Frauen befreit hatten – vor dem
ewig Weiblichen, das uns hinabziehen soll, eine
tiefsitzende Angst, mit der es sich so leicht nicht
lebte.

Auf dem Weg zum Tempel stand das Rathaus
von Delphi, das Bouleuterion, und etwas höher
hatte man das Kultbild der Göttin Gaia errichtet,
der ersten Herrin dieses Heiligtums.

Opfertiere für den Gott des Orakels Langsam nähern wir uns dem gewaltigen
Tempel des Apollon mit seinem großen Altar.
Hier wurden die Tiere zu Ehren des Gottes ge-
schlachtet. Es mußten reine und heilige Opfertiere sein, meist Ziegen. Wenn sie zitterten, war
das ein Zeichen für die Anwesenheit des Gottes.
Der Besucher stelle sich neben den Altar, um zu
erleben, wie klein er angesichts eines solchen
Heiligtums doch erscheint.

Nach dem Opfer wurde (wir können dies

Die Sphinx der Naxier

heute nicht mehr) der Tempel betreten, das heißt, in das Allerheiligste kam kein Besucher, aber in den Vorraum. Dort begegneten die Fragenden einst den sieben Planeten-Weisheiten der Astrologie, die hier in eine Wand eingemeißelt waren. Sie waren sozusagen der letzte Teil der Einweihung. Wer diese sieben Weisheiten im tiefsten begriff, der benötigte im Grunde auf keine Frage mehr eine Antwort.

Gehen wir die Weisheiten einzeln durch und teilen sie dabei den Gestirnen zu, was alles verständlicher macht:

»**Erkenne**   Der Sonne ist zugeschrieben:
dich selbst«   »Erkenne dich selbst!«

Ein Spruch, der zwar jedem geläufig ist, der aber doch unvollständig ist. In vollem Wortlaut meint er:

»Erkenne dich selbst, und du wirst die Götter erkennen.«

Es geht also nie um den Menschen ausschließlich.

Diese apollinische Weisheit mahnt zur Demut und will ausdrücken: »Erkenne, daß du ein Mensch bist, in dem die Götter leben können.« Ein Mensch, in dem kein Gott lebt, hat sich über die Kreatur hinaus, die trotzdem liebenswert ist, noch nicht entwickelt. Apollon zu befragen – und der Gott des Lichts wird ja im Grunde hier befragt – heißt folglich, sich um Erkennen zu bemühen, sich mit der Sonne, also dem Ich auseinanderzusetzen, da in jedem Menschen eine schöpferische Sonne lebt.

Wer »Orakelstätten« aufsucht – egal ob einen Astrologen oder einen anderen Esoteriker –, ohne sich zuallererst selbst erkennen zu wollen, dem hilft keine Pythia, keine Sibylle, kein Hellseher, kein Heiler, kein Astrologe. Der Atem der Götter wird ihm ewig fremd bleiben. Aber erreichbar ist dieses Ziel, und zwar für jeden und zu jeder Zeit! Hierzu ist es nie zu spät; das Leben wird auch die später erwachten Menschen nicht bestrafen, sondern ihnen helfen.

Wer nun die erste Weisheit in sich aufgenommen hat, muß sich mit der zweiten auseinander-
setzen: Sie gehört zum Mond und lautet:
»Alles fließt.«   »Alles fließt«
Auch diese Weisheit klingt wie eine Selbstver-
ständlichkeit, aber selten wird sie so aufgenommen.

Unsere Seele (um sie geht es bei diesem
Spruch) verinnerlicht alles; die Seele schläft nie,
sie entwickelt sich stets. Sie weiß um das Kommen und Gehen, um die stete Veränderung.
Viele Menschen, die es zu etwas gebracht haben,
die gesund sind und sich glücklich schätzen,
wollen Veränderungen nicht wahrnehmen oder
gar akzeptieren. Sie verlernen es, sich immer
wieder neu auf Situationen einzustellen, sie verlieren ihre innere Wachheit, sie erstarren und al-
tern – oft meist schon früh in der Jugend, so daß
sie dann später Rat suchen, den sie nicht mehr
verstehen.

So werden sie unvorbereitet mit der dritten
Weisheit konfrontiert, die – dem Hermes/Mer-
kur zugeordnet – lautet:
»Nutze die Zeit.«   »Nutze die Zeit«
Dieser Spruch scheint heute besonders aktu-
ell, da immer mehr ungenutzte Zeit als höchstes
Ziel angestrebt wird.
Aber die Zeit ist das kostbarste Gut, das wir
haben, auch wenn der Mensch durch die verlän-
gerte Lebenszeit meinen könnte, er habe genug
davon. – Mag sein. Jedoch Zeit, die zu nutzen ist,
bleibt knapp, denn nichts fliegt schneller davon
als ebendiese Zeit, gerade weil wir dies nicht zu
merken scheinen.
Hermes/Merkur, der Götterbote, signalisiert

uns daher diese göttliche Weisheit sehr eindringlich, damit wir auch Zeit für uns selbst finden,
die anderen zugute kommen kann.

Die vierte Weisheit gehört zur Aphrodite/Venus
und lautet:

»Alles ist eitel«   »Alles ist eitel.« Eine Weisheit, über die mancher verzweifeln könnte. Man kann auch sagen:
»Eitelkeit über Eitelkeit.«

Damit muß wohl jeder erst einmal fertig werden, denn das heißt ja nichts anderes, als daß alle
unsere Handlungen in erster Linie der eigenen
eitlen Gefallsucht entspringen. Egal was wir tun,
ob wir lieben, etwas opfern oder meinen, uns für
andere einzusetzen. Und genau darum geht es in
Delphi. Niemand darf sich in seinen Eitelkeiten
verstricken, ein Teufelskreis, den zu durchbrechen viel Energie erfordert.

Ganz gegensätzlich zum Grundcharakter des
Ares/Mars scheint der fünfte Weisheitsspruch zu
lauten.

»Eile mit Weile«   »Eile mit Weile.«

Auch eine Volksweisheit, die zunächst eher
dem Kronos/Saturn eigen sein dürfte. Aber nein,
es gilt die ungestüme, stets kampfbereite Kraft
des Ares/Mars zu bremsen, um dieser Antriebs-
kraft einen Sinn zu geben, um sie nicht zu schnell
zu verbrauchen. Es kommt auf die beständige
Eile an. Die Weile bedeutet auch, Zeit zu haben:
für die Musen, die Meditation, das Gebet, andere Menschen. Erst wenn dies alles geschehen
ist, dann wird Handlung schöpferisch. Dann
verirrt sich die Kraft nicht im Labyrinth der vielen Ziele, in das zahlreiche Menschen geraten,
die zudem auch noch alles auf einmal wollen.

Damit zum Spruch des Zeus/Jupiter, der auch sehr einfach klingt und wunderbar auf den Spruch von Ares/Mars aufbaut. Er lautet:

»Nichts im Übermaß!«

Ein Aufruf der maßlosen Götter zur Mäßigung (Was dem Jupiter erlaubt ist ...).

»Nichts im Übermaß«

Wer das Orakel fragte, wollte meist das Übermäßige. Denken wir nur an König Kroisos, der sein Reich vergrößern wollte. Das Übermaß nicht anzustreben heißt aber auch, sich nicht gottähnlich zu fühlen, was besonders die Könige betraf, und die waren die Hauptkunden des Orakels.

Die siebte Weisheit war mit Kronos/Saturn identisch und lautete: »Dem Schicksal kann niemand entfliehen.«

»Dem Schicksal kann niemand entfliehen«

Dieser Spruch wird meist falsch zitiert, indem man interpretiert, daß niemand seinem Schicksal ausweichen kann. Genau das aber ist nicht gemeint! Seinem Schicksal kann man schon entfliehen, aber nicht dem Schicksal schlechthin. Die Version mit dem Zusatz *seinem* führt unweigerlich zum Fatalismus, und wenn dem so wäre, bräuchte man auch kein Orakel. Die ursprüngliche Version bedeutet, daß gemeistert werden muß, was einem aufgetragen, aber das »Wie« liegt in der Hand des einzelnen.

Im Grunde waren damit immer alle Fragen, die gestellt wurden, im Vorraum dieses Tempels beantwortet. Fassen wir nämlich alle diese Weisheiten in einem Satz zusammen, dann hören oder lesen wir die Lebensweisheit:

»Erkenne dich selbst, da alles fließt. Nutze die Zeit, um alles, was eitel ist, mit Eile und Weile, aber nicht im Übermaß zu meistern, denn niemand kann dem Schicksal entfliehen.«

Doch nun war es endlich soweit.

Die Priester führten die Theopropen in einen Wartesaal.

Der Ort der Weissagung, das Adyton, wo die Pythia auf einem Dreifuß saß, lag ziemlich direkt über dem Allerheiligsten. Die Priesterin hatte vor jeder Sitzung ein Opfer zu bringen und sich vorher mit dem Wasser der Kastalischen Quelle zu reinigen. Wenn sie danach mit Lorbeerblättern und Gerstenmehl das ewige Licht geweihräuchert hatte, wartete sie, bis sie aus dem sogenannten »Haus der Wartenden« die ersten Fragen hörte, die mit lauter Stimme gestellt werden mußten.

Die diensttuende Pythia (es gab immer mehrere wahrsagende Priesterinnen) setzte sich auf den Dreifuß, der, so erzählt man sich, von einer Schlange umschlungen war, kaute Lorbeerblätter und atmete den Weihrauchdampf ein. Danach fiel sie meist in Trance, sprach Worte und Halbsätze mit Pausen oder im Stakkato, die ihre Priester niederschrieben und formulierten. Anschließend faßten sie die Deutungen in Verse oder verständliche und einprägsame Leitsätze (wie unsere Beispiele zeigten), die dann den Theopropen mit auf den Lebensweg gegeben wurden.

Nach einer kleinen Zeitspanne wurden die Fragenden hinausgeführt, und sie schritten nun den heiligen Weg zurück. Wo der Platz der Pythia sich genau befand, ist nicht mehr ausmachbar; viele Führer meinen dort, wo hinten in der Mitte der Längsseite die einzelne Säule steht, aber das dürfte denn doch eine Illusion sein. Die Führer werden mit Fragen nach dem Sitz der Pythia bombardiert, also haben sie sich auf eine

Stelle geeinigt, und dazu bot sich die Säule geradezu an!

Wer mag, der kann dann noch das Theater besuchen, das symbolisiert, daß die ganze Welt – nach Shakespeare – eine Bühne ist, aber das wußten die Alten in Griechenland sicher auch. Östlich vom Theater entsprang die Quelle Kassotis, die in den Raum der Pythia geleitet wurde und von der sie vor einer Befragung trank. Das Theater liegt noch im heiligen Bezirk. Wer zum noch höher gelegenen Stadion will, der verläßt diesen Bezirk. Der Weg ist etwas mühsam, aber die Anstrengung lohnt sich. Die Führer über Griechenland sind sich einig, daß dies das besterhaltene antike Stadion Griechenlands ist.

»Die ganze Welt ist eine Bühne«

Hier fanden die Pythischen Spiele, jeweils ein Jahr vor den Olympischen Spielen, statt, ohne jemals deren Bedeutung zu erreichen. Auch hier entsprang eine Quelle, an der sich die Athleten laben konnten. Nach dem Wettkampf hatten alle Teilnehmer den Göttern Opfer zu bringen. Man sagt, dies sollte verhindern, daß sie – das galt besonders für die Sieger – übermütig wurden.

Bevor wir Delphi verlassen (um sicher irgendwann noch einmal wiederzukommen), sollten wir das Museum besuchen. Es ist ein wunderschöner Hort mit vielen Ausstellungsstücken. Es seien hier nur ganz wenige, aber für uns sehr wichtige Exponate vorgestellt.

Gleich nach dem Aufgang ist der herrliche Omphalos zu erblicken, dessen (schlechte) Kopie nahe beim Schatzhaus der Athener zu finden ist.

Im Saal der Kouroi begegnen wir unübersehbar und imponierend zwei großen archaischen

Statuen aus parischem Marmor, die zwei Söhne
einer Herapriesterin aus Argos darstellen.

Diese Dioskuren sind das Symbol einer wahrlich magischen Geschichte, die uns Herodot
überlieferte:

**Die Dioskuren –
eine magische
Geschichte**

Die Namen der Zwillinge waren Kleobis und
Biton. Die Brüder waren voller Gläubigkeit und
betätigten sich engagiert im Tempeldienst. Eines
Tages mußte nun ihre Mutter mit einem Prunk-
wagen zu einem Festakt in den Tempel der Hera
fahren – nur das dazu benötigte Ochsenge-
spann, das per Schiff erwartet wurde, kam nicht
rechtzeitig an. Kurzentschlossen spannten sich
darauf die beiden Brüder vor den Wagen und zogen ihn samt der Mutter in den Tempel.

Diese Einsatzbereitschaft, diese Aufopferung,
diese aktive Glaubensbereitschaft beeindruckte
Menschen wie Götter. Auch Hera war von der
Opfertat so angetan, daß sie beschloß, die beiden
Brüder ganz besonders zu belohnen. Nach dem
Fest ließ sie die Dioskuren in ihrem Heiligtum
sanft einschlafen, um sie so langsam in einen
friedlichen Tod zu überführen. Im Sinne der Göttin Hera war der Tod schöner als das Leben, das
die beiden Brüder erwartete. Nach dem göttlichen Geschenk wurden die Zwillinge auch in ihrer Umgebung als die »glücklichsten« aller Menschen bezeichnet, denn sie konnten ihr Leben
ohne kommende Mühen, Plagen, Krankheiten
und Altersbeschwerden beenden, da sie in
glücklichster Stunde ihren inneren Frieden für
ewig im Tod fanden.

Eine esoterische Begebenheit und Einstellung,
die mancher materiell denkende Mensch vielleicht nicht verstehen dürfte, aber es sei ihm gesagt: Mit dem Tod hört nichts auf.

Zum Glück war Zeus nicht anwesend. Er hätte sicher nicht zugelassen, daß sich zwei kräftige Männer zur Zeit ihrer höchsten Schaffenskraft friedlich, ja todesbereit niederlegen, bevor sie sich im Kampf des Lebens echt bewährt haben, bevor sie Niederlagen in Siege umkehrten. Doch Zeus griff niemals in Aktionen ein, die sich in einem Heiligtum einer anderen Gottheit abspielten. Wir wissen, daß mit Zeus die Diesseitsausrichtung nach Griechenland kam. Hier bei den Dioskuren wird jedoch noch das alte Erbe der Jenseitssehnsucht sichtbar. Dieses Erbe verlöscht zwar nie, starb auch nie bei den Griechen, wurde aber damals arg zurückgedrängt.

Neben der Sphinx der Naxier und einer Schale, auf der wir sehen, wie Apollon in seiner Priesterfunktion ein Opfer bringt, wobei ihm ein Rabe zuschaut, ist im Museum vor allem der Wagenlenker wichtig. Er zeigt, wie weit ein Mensch sich zu entwickeln vermag. Auch hier liegt mehr verborgen, als zunächst sichtbar wird. Allgemein gilt er als erstklassiges Kunstwerk; die Bronzefigur stellt wirklich eine der bedeutendsten und schönsten Originalgestalten der Antike dar. Der Wagenlenker ist in Naturgröße von 1,80 Meter wiedergegeben. Die Gelehrten streiten sich immer noch darüber, ob wir es hier mit einem Mann zu tun haben, der gerade ein Rennen gewonnen hat, oder mit einem, der an den Start geht. Richtig ist wohl beides. Denn ist man ans Ziel gekommen, gilt es erneut ein Rennen zu bestehen.

Der Wagenlenker von Delphi

Der Blick des Wagenlenkers ist nicht triumphierend, er weiß um den Wert kurzer Siege, aber sein Gesichtsausdruck wirkt ungemein beherrscht. »Nichts im Übermaß«, diese Zeus-Weisheit wird hier begreiflich, verarbeitet und

führt uns zum Sinnspruch des Wagenlenkers, der für uns entscheidend ist:

»Nicht auf den Wogen der Stimmungen zu reiten, zu lenken, sondern sich gemessen selbst an den Zügel der Emotionen zu nehmen...«

Was für eine Zusammenfassung der Lebensweisheiten, was für ein Auftrag an sich selbst, was für eine Beispielfunktion!

Der Wagenlenker zügelt symbolisch sein Vierergespann, doch im Grunde sich selbst. Diese Eigenzügelung überträgt sich dann auf das Gespann (das leider nicht erhalten blieb).

Die Statue stand einst an der nordwestlichen Seite des Heiligtums von Delphi, somit jeden, der im Begriff war, den Tempel zu betreten, mahnend und helfend anblickend.

Am Kopf trägt der Wagenlenker das Band der Sieger, des Siegers über sich selbst, weil erst dann andere besiegt werden können, wenn man sich selbst überwindet. Oder: Nur der kann und darf herrschen, der sich in der Selbstbeherrschung erfolgreich geübt hat.

Die herrlichen Augen blicken weit über das Kleine, das Alltägliche hinaus. Sie wollen den fernen Horizont in seiner ganzen Größe erfassen. So ist der Blick ernst, aber nicht traurig, gefaßt und auf den Moment konzentriert.

Der Mund scheint dagegen ein wenig zu lächeln. So stellt man sich den Fuhrmann vor, der nur den Göttern nahe sein wollte, der als Sternbild am Himmel leuchtet.

Delphi, ein magischer Ort, der dem esoterisch interessierten Menschen viel zu vermitteln hat, auch im Hinblick darauf, wie die Esoterik als beratendes Moment angewandt werden sollte:

Hellsichtigkeit vor allem nach innen! Das in

Links:
Der Wagenlenker von
Delphi

uns lebende Erbe ist zu ergründen, was auch für das karmische Schicksal gilt! Ratschläge, die nicht zum Erkennen der Schöpfer- oder Gottkräfte führen, sind verlorene Ratschläge. Und Ratschläge dürfen wirklich nur Vorschläge sein, die allein vom Ratsuchenden umgesetzt werden müssen. Auch das Befolgen eines Ratschlags hat nur dann Sinn, wenn die Bereitschaft vorhanden ist, sich zutiefst zu wandeln.

Wer als Esoteriker Delphi bewußt und unbewußt erlebt hat, wer die dort noch lebendige und lebende Botschaft empfängt, der spürt etwas von dem Weg zu sich selbst, etwas von dem Vergangenen in uns, und damit sehr viel für die Zukunftsgestaltung. So werden folgende Worte deutlich und klar, die einst auf ganz Griechenland gemünzt waren:

Im Zentrum des antiken hellenischen Lebens: Das Orakel von Delphi

»Das Orakel von Delphi ist in Wahrheit für die ganze griechische Welt der Schiedsrichter und der Bürge der Rechtsgläubigkeit. Am Orakel liegt es, in schwierigen Fällen zu bestimmen, welcher Gott oder welcher Held eine Gefahr beschwören kann oder einen Erfolg sichern soll; ohne seine Billigung konnte einst kein neuer Kult in irgendeiner Stadt festen Fuß gewinnen, kein Ritus gewechselt oder eingeführt werden.«

So lebt Delphi in uns – ob wir nun an seinen Tempeln waren oder nicht. Die tiefste Wahrheit Delphis läßt sich in einem einzigen Satz zusammenfassen;

»Das Rätsel löst sich von innen, denn was auf uns zukommt, kommt aus uns.«

Wer dies begreift, der hat Delphi in seiner ganzen Größe verstanden.

Zum Abschied

Die magisch-esoterische Reise durch das antike, klassische Griechenland, die Wiege des Abendlandes, ist zu Ende.

Jeder, der auf dieser Reise einige Orte vermißte, besuche sie gern. Aber für uns wären das im Grunde nur Wiederholungen, denn die »Großen Mythen« sind erzählt.

In anderen Orten – wie Sparta etwa – gibt es für uns nichts Klassisches zu sehen. In Thessalien (und natürlich anderswo) herrschten mehr die byzantinische Kultur und Religion vor, doch dem müßte sich ein neuer Reiseführer widmen. Auch die sogenannte Heimat der Kentauren in Thessalien entpuppt sich an Ort und Stelle als nicht sehr ergiebig.

Kreta, Rhodos oder Zypern sowie die anderen griechischen Inseln (darunter das besonders wichtige Heiligtum Delos) bieten Stoff für ein eigenes Buch.

Uns ging es darum, aufzuzeichnen, welches Erbe wir hier in diesem klassischen Reiseland hautnah erleben und dann in uns wiederentdecken können. Dazu gehört die Erkenntnis, daß die Mythen durchaus weit mehr sind als mehr oder weniger schöne Geschichten oder spannende Legenden.

Nein – die Mythen haben uns sehr viel zu sagen; wenn wir danach fragen und ihre Aussagen esoterisch interpretieren, dann lebt unser Unterbewußtsein auf und erweitert unseren Geist.

Jeder von uns war – und zwar vor diesem Leben, egal auf welche Art – sowohl in Ägypten als auch in Griechenland. Von diesen Ländern lebt sehr viel in uns, ja, unsere ganze Denk- und vielfach wohl auch Handlungsweise wird davon mitbestimmt.

Sigmund Freud hat aus der griechischen Sagenwelt den Ödipus als wichtige Erkenntnis für sich und seine Psychologie herausgeschält, aber sie zum einen wohl zu sehr verallgemeinert, als lebte dieser Inzestkomplex in jedem von uns, und zum anderen vielleicht etwas zu sehr im sexuellen Bereich angesiedelt.

Darum ging es bei der Schuldtilgung des Ödipus sicher am allerwenigsten, weitaus wichtiger war das Erbe, das keiner von uns verleugnen oder abschütteln darf, sondern das jeder als sein persönliches Karma mitzutragen hat.

Der Vatermord (wenn in der Ödipuslegende auch nicht vom Bewußtsein her anvisiert) sowie das – angebliche – latente und stets vorhandene Verlangen des Sohnes, seine Mutter nicht nur zu ehelichen, sondern auch körperlich besitzen zu wollen, geht in der Originalversion doch ein wenig tiefer.

Aber im Grunde braucht eine solche Reise nicht einmal absolviert zu werden! Niemand muß nach Griechenland aufbrechen, um dies alles, was hier aufgereiht und erklärt wurde, zu betrachten. Diese Reise ist auch daheim nachzuvollziehen.

Rechts:
Auf diesem Altar
wurden dem Apollon
Tieropfer gebracht

Eindrucksvoller und auch schöner ist es natürlich, auf den Spuren der Mythen zu reisen, weil

dann die innere Schönheit Griechenlands noch klarer zutage tritt. Verabschieden wir uns mit einem Zitat aus Goethes »Iphigenie«:

»Das Land der Griechen mit der Seele suchend...«

»Chérete, adio«!

Literaturnachweis

Michael Begert, Griechenland, Walter-Verlag, Olten

Klaus Bötig, Griechenland, Goldstadt Verlag, Pforzheim

Richard Cavendisch, Mythologie der Weltreligionen, Rheingauer Verlagsgesellschaft, Eltville

Alexander Eliot, Mythen der Welt, C. J. Bucher, Luzern

D. M. Field, Die Mythologie der Griechen und Römer, Albatros, Zollikon

Georg Mergl, Athen und das griechische Festland, LN-Verlag, Lübeck

Bernd A. Mertz, Das Orakel der Sterne, Falken Verlag, Niedernhausen

Bernd A. Mertz, Der Ägyptische Tarot, Bauer Verlag, Freiburg

Bernd A. Mertz, Das Grundwissen der Astrologie, Ariston, Genf

Bernd A. Mertz, Karma in der Astrologie, Ansata, Interlaken

Bernd A. Mertz, Handbuch der Astrologie, Goldmann Verlag, München

Bernd A. Mertz, I GING der Zahlen, Goldmann Verlag, München

Philipp Metman, Mythos und Schicksal, Bibliographisches Institut AG., Leipzig

Basilios Petrakos, Delphi, Klio Verlag, Athen

Register

MAGISCH REISEN

Anne Tappe
TÜRKEI
Brücke zwischen Orient und Okzident
(Goldmann Taschenbuch 12280)

Bernd A. Mertz
ÄGYPTEN
Land von Isis und Osiris
(Goldmann Taschenbuch 12281)

Bernd A. Mertz
GRIECHENLAND
Vom Olymp zum Orakel von Delphi
(Goldmann Taschenbuch 12282)

David Luczyn
DEUTSCHLAND
Ein Führer zu Orten des Lichts und der Kraft
(Goldmann Taschenbuch 12284)

Natasha Peterson
NORDAMERIKA
Heilige Orte der Kraft
(Goldmann Taschenbuch 12285)

Wulfing von Rohr
INDIEN
Geburtsland von Mystik, Magie und Meditation
(Goldmann Taschenbuch 12286)

Gilbert Altenbach/Boune Legrais
FRANKREICH
Land der Barden und Druiden
(Goldmann Taschenbuch 12287)

Louis Charpentier
SPANIEN
Das Geheimnis der Pilgerstraßen
(Goldmann Taschenbuch 12288)